好好接话：
会说话是优势，
会接话才是本事

林思诚◎编著

成都地图出版社

图书在版编目(CIP)数据

好好接话：会说话是优势,会接话才是本事 / 林思诚编著. -- 成都：成都地图出版社有限公司, 2023.8(2025.5 重印)
ISBN 978-7-5557-2285-4

Ⅰ.①好… Ⅱ.①林… Ⅲ.①语言艺术 Ⅳ.①H05

中国国家版本馆 CIP 数据核字(2023)第 137600 号

好好接话：会说话是优势,会接话才是本事
HAOHAO JIEHUA：HUI SHUOHUA SHI YOUSHI，HUI JIEHUA CAISHI BENSHI

编　　著：	林思诚
责任编辑：	王　颖
封面设计：	松　雪
出版发行：	成都地图出版社有限公司
地　　址：	成都市龙泉驿区建设路 2 号
邮政编码：	610100
印　　刷：	三河市众誉天成印务有限公司
开　　本：	880mm×1230mm　1/32
印　　张：	6
字　　数：	130 千字
版　　次：	2023 年 8 月第 1 版
印　　次：	2025 年 5 月第 10 次印刷
定　　价：	36.00 元
书　　号：	ISBN 978-7-5557-2285-4

版权所有，翻版必究
如发现印装质量问题，请与承印厂联系退换

最近特别流行两句话——"你真会聊天儿"和"你把天儿聊死了"。会接话的人，能让你越聊越开心；不会接话的人，一聊就把天儿聊死了。

聊天中的接话是一门很深的学问，要根据不同的心情、不同的地点、不同的对象，来选择不同的话题和语气。当对方看上去阴云密布的时候，你就不要在他面前表现得太欢悦；当对方看上去心情不错的时候，就不要选择一些比较抑郁的话题。

当我们和一个萍水相逢的人聊天儿的时候，相互都不知道对方的脾气秉性，这个时候的聊天儿就不要太较真。当两人聊起一个话题的时候，也许这个话题是自己擅长的，而对方在聊天的过程中说错了一些地方，我们大可放过，没有必要非得去纠正对方的错误，毕竟是萍水相逢，又不是学校考试，错了就错了，不会对你造成损失，而且两人的聊天儿还会在一片祥和的氛围中进行。可是，有些人偏偏喜欢较真，一定要去纠正对方的错误，这样就会让对方处于比较尴尬的境地，最后往往导致双方都下不来台。

和我们熟悉的人聊天儿的时候,毕竟相互之间已经有很深层次的了解,该说的不该说的话,我们肯定会加倍注意。但是再熟悉的人,都喜欢听别人的赞扬。 在聊天儿的过程中,不吝惜赞美之词会让对方觉得你很会聊天儿,更加喜欢和你聊天儿。

本书选取了部分生活中真实的对话案例,根据不同的场景,提供了有效的接话模式和技巧。 从现在起,让我们一起做会接话、懂聊天儿的人吧!

2023 年 4 月

01

把话接好，关键在倾听

学会倾听，接话从听开始 ………………………… 002
倾听是突破交际障碍的第一步 …………………… 008
倾听的价值更在于获取有用信息 ………………… 011
耐心去听，让沟通更顺畅 ………………………… 015
做个好听众，适时发表个人意见 ………………… 018

02

话题接得准，无论聊什么都开心

把话接好，平淡的话题也能出彩 ………………… 022
话想接得住，就要抓住听者的心 ………………… 027
平时多积累，可以信手拈来 ……………………… 031
找出对方的兴趣点，和话题挂上钩 ……………… 037
通过话题导航成为交流的舵手 …………………… 042

03

接话接得巧，才能让谈话更深入

开口前要学会洞察全场气氛 ················· 046
用符合对方心理的语言迎合对方 ············· 052
不要着急接话 ····························· 058
"yes，but"法则 ·························· 062
接话不要轻易否定对方 ····················· 068
话接得巧，谈话才能进行到底 ··············· 072

04

用幽默接话，让交流的气氛更轻松

幽默助你化干戈为玉帛 ····················· 078
用幽默化解社交中的尴尬 ··················· 082
化解窘境，幽默最实用 ····················· 086
巧装糊涂，以幽默应对难堪 ················· 089
随意的幽默更容易交流 ····················· 092

05 以赞美接话，人人都会喜欢你

寻找对方值得称道之处 ················· 098
借他人之口赞美异性 ··················· 102
公开的赞美最令人激动 ················· 106
赞美越具体越好 ······················· 111
反语赞美的方法与效果 ················· 115
背后比当面赞美更有效 ················· 119

06 面对棘手的请求，如何接好拒绝的话

说话留余地，歧义拒他人 ··············· 124
拒绝时要会欲抑先扬 ··················· 126
拒绝异性时应讲究分寸 ················· 130
学会委婉地说"不" ···················· 133
大胆地说"不" ························ 137
说"不"的策略 ························ 139

3

07
接好领导的话，在职场才能风生水起

善于拒绝上司的难题 …………………………… 142
恰当回应上司的责骂 …………………………… 145
这样接话上级才会接受你的反对意见 ………… 147
怎样让上司同意你的观点 ……………………… 150

08
这样接客户的话，没有谈不成的生意

贪小便宜型客户，让一些利益给他 …………… 154
脾气暴躁型客户，用自己的真诚回应他 ……… 156
节约俭朴型客户，让他感觉物美价廉的实惠 … 159
小心谨慎型客户，沉着应对，步步为营 ……… 162
犹豫不决型客户，用危机感使其快下决心 …… 165
自命清高型客户，赞美他，顺便带点儿幽默感 … 169
沉默型客户，引导对方开口 …………………… 173
唠叨型客户，让他把话说完 …………………… 176
世故型客户，对他开门见山 …………………… 179
惜时型客户，为他节省交流时间 ……………… 182

01

把话接好,关键在倾听

学会倾听，
接话从听开始

对话从听开始,只有倾听才会了解对方，接话才能接到点子上。

真正的倾听并非那么容易。因为这不是技巧的问题，而是用心的问题。你是个善于倾听的人吗？如果你的行为中出现以下七种情况的一种或一种以上，你就应该注意提高自己的倾听技能了。

（1）和别人沟通时，打断对方讲话，以便讲自己的故事或者提出意见。

（2）和别人沟通时，没有和对方进行眼神接触。

（3）和别人沟通时，任意中止对方的思路，或者问太多的细节问题。

（4）和别人沟通时，催促对方。

（5）和别人沟通时，接打电话、写字、发电子邮件，或把注意力转移到其他事情上。

（6）和别人沟通时，忘记对方所讲的内容。

（7）和别人沟通时，特意等到对方讲完，只为方便你对他所讲的内容"盖棺论定"。

倾听是一种艺术，也是一种技巧。倾听是一种修养，更是一门学问。要想把话接好，就要学会倾听，善于倾听是迈向成功的捷径。最有价值的人，不是那些能说的人，而是那些最善于倾听的人。用心倾听他人的声音，就是对对方最好的关怀和体贴。人难以改变别人的想法，但是能够赢得对方的心。懂得倾听，有时比"会说话"更重要。

倾听具有一种神奇的力量，它可以让人获得智慧和尊重，赢得真情和信任。倾听需要专心和耐心，每个人都可以通过练习来发展这项能力。倾听是了解别人的重要途径，为了获得良好的效果，我们有必要了解倾听的艺术。

倾听自己——学会发现：清空所有的先入之见，倾听自己内心的声音，发现新的自我。

倾听你我——发掘共鸣：发现我中有你，你中有我，就能听到真实的声音。

倾听众人——共存之道：倾听对方的意见是共存共荣的途径。

实践倾听的五大行为准则：

（1）准备共鸣：准备对话时，首先要放下所有的主观意识和偏见。

（2）肯定对方：集中精力观察对方的言行，肯定对方存在的重要性。

（3）节制说话：要先去了解，再被理解。懂得节制说话，才能学会倾听。

（4）保持谦虚的态度：即使对方的想法与自己相悖，仍然要谦虚地去感受对方的情感。

（5）全身响应：倾听时一定要用全身来展现自己在注意倾听的自然状态。

实际上，有效的倾听是可以通过学习来获得的技巧。认识自己的倾听行为有助于你成为一名高效的倾听者。按照影响倾听效率的行为特征，倾听可以分为四个层次。一个人从第一层次倾听者成为第四层次倾听者的过程，就是其倾听能力、交流效率不断提高的过程。下面是倾听的四个层次的描述：

第一层次——心不在焉地听

倾听者心不在焉，几乎没有注意说话人所说的话，心里考虑着其他毫无关联的事情，或内心只是一味地想着辩驳。这种倾听者感兴趣的不是听，而是说，他们正迫不及待地想要说话。这种层次上的倾听往往导致人际关系的破裂，是一种极其危险的倾听方式。

第二层次——被动消极地听

倾听者被动消极地听讲话者所说的字词和内容，常常错过了讲话者通过表情、眼神等体态语言所表达的意思。这种层次上的倾听常常导致误解，失去真正交流的机会。另外，倾听者经常通过点头示意来表示正在倾听，讲话者会误以为自己所说的话被倾听者完全听懂了。

第三层次——主动积极地听

倾听者主动积极地听对方说话，能够专心地注意对方，能够聆听对方的话语内容。这种层次的倾听常常能够激发对方的注意，但是很难引起对方的共鸣。

第四层次——富有同理心地听

富有同理心、积极主动地倾听，不是一般的"听"，而是用心去"听"，这是一个优秀倾听者的典型特征。这种倾听者在讲话者的信息中寻找自己感兴趣的部分，他们认为这是获取有用信息的契机。这种倾听者不急于做出判断，而是感同身受对方的情感。他们能够设身处地看待事物，总结已经传递的信息，质疑或是权衡所听到的话，有意识地注意非语言线索，询问而不是辩解、质疑讲话者。他们的宗旨是带着理解和尊重去积极、主动地倾听。这种注入感情的倾听方式在形成良好的人际关系方面起着极其重要的作用。

事实上，大概50%的人只能做到第一层次的倾听，30%的人能够做到第二层次的倾听，15%的人能够做到第三层次的倾听，第四层次的倾听只有至多5%的人能做到。我们每个人都应该重视倾听，提高自身的倾听技巧，学会做一个优秀的倾听者。作为优秀的倾听者，应该通过对朋友或者员工所说的内容表示感兴趣，创建一种积极、双赢的谈话过程。

倾听不是被动地接受，而是一种主动行为。当你感觉到对方正在不着边际地说话时，可以用机智的提问来把话题引回到主题上来。倾听者不是机械地"竖起耳朵"，在听的过程中脑子要转，不但要跟上倾诉者的故事、思想内涵，还要跟得上对方的情感，在适当的时机提问、解释，使得会谈能够步步深入。

倾听，是每一个渴望成功的人必须掌握的技能。从小事做起、注意细节，才会成功。无论你是职场人士，还是刚刚走出校门的大学生，都要注重倾听技巧的修炼，这样你对自己的工作更能够游刃有余，收获更多宝贵的经验，从而更加稳妥地迈向成功！

接话从倾听开始

做一个好的听众,你就能够成为一个广受欢迎的交际高手,为自己赢得众多的朋友。

合时合宜的回应不仅表示了你对说话者观点的赞赏,而且暗含着对他的鼓励之意。

您说得太对了,非常正确。

善于倾听,从他人的话语中收集有用的信息。

最近电子元器件非常紧缺啊。

这是个有用的信息,回去马上让公司备货。

倾听是突破
交际障碍的第一步

安妮在一家肯德基连锁店做收银员,每天晚上到了下班时间,孤独就会爬上安妮的心头。她总是一个人孤单地吃完晚餐,然后就随手拿起一本小说来打发时间。

纽约这么大的都市,拥有数百万人口,每天人来人往,有欢笑、也有惊奇,却没有任何一个人注意到你的存在,这世界还有比这更荒凉的吗?安妮一想到这般的冷清,就像一只受惊的小兔子,蜷缩在自己的小天地中。

这种日子已经过了几个月。她不知道该如何是好,她不知道怎样才能交到朋友,尤其是知心的男友。难道大学毕业之后,面对的就是这种生活吗?

这还不是最难过的,反正她可以借着阅读各种爱情小说,与书中女主角一起欢笑悲伤,让时间慢慢流逝。但是到了深夜,一个人躺在床上,这才是最难熬的时光,她不知道,是否每个正常人都会有这种需求。

有一天安妮接到通知,要去见公司人事部主管琳达女士。她不知道自己怎么会来这儿见人事主管，也不知道自己怎样才能对着琳达侃侃谈出自己的情况，因为她一向不善于表达自己，以往这种情形总是令她手足无措得说不出话来。

人事主管琳达是个善解人意的人，她语重心长地对安妮说："只要你愿意，我可以帮你渡过难关，并且交到朋友，不过首先，你必须抛开那些爱情小说，利用晚上的时间到艺术学校去选修些课程，不要再读那些虚幻不真实的小说来自欺欺人。还有，你在公司很有发展潜力，我希望你努力干，有一天能升到广告部门的执行组，也正因为如此，你更需要多学一些绘画及用色方面的技巧。最重要的是，你不要再整个晚上窝在家里了。"

安妮还记得经理说过，年轻人只要肯出去参加活动，很容易交到朋友，只要学着去表现自己的特点，做个活泼的女孩，一定会有许多追求者。要有所改变，做自己想做的事。同时要注意看别人做什么，听别人说什么，让自己成为一个好伴侣；不要轻信别人的谗言；当别人示好时，自己也要给予别人一些回馈，世上不会有人白白对自己好。

不久之后，安妮的生活真的变得多姿多彩，她已经克服了困难。她真没想到只是学着多听别人讲话，就赢得了那么多的友谊。她想起这正如琳达女士曾经告诉她的："大多数的人自我意识都很强，都希望有表达自我的机会，所以你根本不必担心该说什么，只需要静静地、专心地听对方说，这就够了。"

原来，想要拥有良好的人际关系这么简单，以往安妮把自己关在小天地中，拒绝和别人沟通，现在，情况完全不同了。

学会倾听是突破交往障碍的一种有效行动。当你走出自己的小天地，试着站在别人的立场上，做一个好的听众，你就能够成为一个广受欢迎的交际高手，为自己赢得众多的朋友。

倾听的价值
更在于获取有用信息

能说会道的人最受欢迎,善于倾听的人才真正深得人心。 话多难免有言过其实之嫌,或者被人形容夸夸其谈。 静心倾听就没有这些弊病,倒有兼听则明的好处。 用心听,给人的印象是谦虚好学,是专心稳重、诚实可靠。 所以,有时候用双耳听比用嘴说更能赢得他人的认可和赞誉。 而倾听,不仅要倾听别人的声音,更多的时候是能听出说话者语言中的信息,这也是倾听真正的价值所在。 在我们与他人交谈时,必须从倾听中彻底明白他人想表达的意思,因为只有这样,彼此之间的交流才能顺利进行。 如果你不会倾听,误解了说话者想要表达的意思,不但会造成你和他人之间沟通的不顺畅,还有可能会让人觉得你不尊重他,从而有损你和他人的正常人际关系。

在工作中普遍受领导欢迎的下属多半是懂得倾听艺术的人,他们能在倾听中获取有价值的信息。 一般来说,下属与领导进行沟通,都需要从领导那里获取更多的信息,从而帮助自己加强与领导的交流和联系，推动工作更好地开展。

李明刚换了新的工作，今天第一天上班就在领导的唾沫中游了一遍欧洲。

"小李，你出国旅游过吗？"

"还没机会呢！"李明从这句话中听出了其他的信息，知道经理话中有话，于是不失时机地说道，"经理，您一定到过很多地方吧？"

"很多谈不上。不过这些年因为公事的需要，我倒是去了欧洲的几个国家，英国、瑞士、比利时……"

经理觉得李明是个善于倾听的人，以后经常找李明聊天，李明也渐渐得到了经理的重用。

李明从经理说"你出国旅游过吗"听出了经理"去过很多地方"的信息，进而抓住一点信息引出了许多的话题，受到了经理的赏识，进一步说明了倾听的价值也在于获取信息。

会说话的人都会倾听。倾听的价值在于收获信息，只有认识到这一点，才能在倾听他人说话的时候做到认真听，并通过听到的信息判断他人的心理活动，从而为自己说话能有的放矢打好基础。

经过4年之久的楚汉之争，刘邦消灭了项羽，平定了天下，应该论功行赏。在这个时候群臣彼此争功，吵了一年都无法确定。刘邦认为萧何功劳最大，就封萧何为侯，他的封地也最多。但是群臣心中不服，议论纷纷。

在封赏勉强确定之后，对席位的高低先后又起了争议。大家都说平阳侯曹参身受创伤七十余处，而且攻城略地，功劳最大，应当排他第一。刘邦因为在封赏的时候已经委屈了一些功臣，厚封了萧何，所以在席位上难以再坚持，但心中还是想将萧何排在首位。

这时候，关内侯鄂君已经揣摩出刘邦的意图，就挺身上前说道："群臣的决议都错了！曹参虽然有攻城略地的功劳，但这只是一时之功。皇上与楚霸王对抗数年，常常丢掉部队四处逃跑。而萧何却源源不断地从关中派兵员填补战线上的漏洞。楚、汉在荥阳对抗了好几年，军中缺粮，都靠萧何转运粮食补给关中，粮饷才不至于匮乏。再说皇上有好几次逃到山东，都是靠萧何保全关中，才能接济皇上，这才是万世之功。如今即使少了一百个曹参，对汉朝有什么影响？我们汉朝也不必靠他来保全！为什么你们认为一时之功高过万世之功呢？我主张萧何第一，曹参其次。"刘邦听了，当然说"好"，于是下令萧何排在第一，可以带剑入殿，上朝时也不必急行。

关内侯鄂君是怎么揣摩出刘邦的意图的呢？原来刘邦没什么文化，在分封诸侯的时候，将一些从前跟着他出生入死、身经百战的功臣比喻为"功狗"，而将发号施令、筹谋划策的萧何比喻为"功人"，所以萧何的封赏最多。

上面的案例中，鄂君从刘邦的话语中获取了"刘邦对萧何宠信"的信息，于是顺水推舟，专拣对萧何好的话讲，刘邦自然高兴。鄂君也因此多了一些封地，被改封为"安平侯"。

倾听和听见并不是一回事。听见只是倾听的第一步，因为听见只是你的听觉系统接收到了声音。就像很多人都能听见他人说话时的声音，但他们根本不能"倾听"，也就是听到并理解。比如，当下属在工作的时候，周围会有各种声音，他的听觉系统会接收到声音，但他未必会注意到这些。有时下属听到声音，并且看起来是在倾听领导说的话，而实际上他们只是对自己内心的声音感兴趣，这种现象就是"假听"。事实上很多人在听他人说话时，都做不到用心理解自己听到的声音。有的人认为注意声音自然就会理解声音。不过，想想你在听到电影中的外语对话时，你就会明白，听到并不意味着理解。你可以关注所有的声音，但并不一定理解。"理解"就是将声音重组为有意义的模式或形式。

只有多听别人说，才能了解到对方更多的信息。善于倾听，从他人的话中收集到有用的信息，从而为你和他人的沟通找到共同的话题，在此基础上打开他人的话匣子，让他人乐于与你交流。借此机会，你还可以从中获取你工作上需要的信息，从而有利于你工作的顺利开展。

耐心去听，
让沟通更顺畅

对话需要在两个人之间进行，每个人有两个义务：说话和倾听。当你在"说"话的时候对方要"听"，你也要"听"对方"说"。听、说是互相促进的，才能组成整个对话。

在某种程度上，"说"和"听"相比较，在维持对话方面，"听"更有意义。因为"听"能够更了解对方，也能够知道对方的目的和想法，进而你才知道要说什么、怎么说等。

但是，许多人总是缺乏耐心去"听"别人说的话。他们不在乎别人说的话，甚至会着急地中断别人的话；或者听的时候心不在焉；更有甚者只听一部分，故意误解别人的话；也有的人自己说自己的……

试想，如果你和别人聊天，别人却扭头不听你说话，一副漫不经心、毫不在意的表情，那你还会有多少谈话的兴致呢？"他这种表情，似乎不愿意搭理我，也罢，不说了！"对方有时候也会附和几句话，如"是吗""噢""呵呵""可以啊"

等,但你能从他的神色中知道他的内心:"别说了,我根本没在听。"于是,良好的气氛就被破坏了,一场本该有意思的谈话也就终止了。

你应该遇到过这种情况:你的听众很认真地听你说话,你的心境就完全不同了,你会有很大的兴致继续这个话题,你心里会觉得:"噢!瞧,他听得很认真啊,好像很喜欢我说的内容。"并且,你看到对方听的时候还肯定地点头,同时赞许地发出"嗯、嗯"的声音,那你的兴趣肯定会大增,你对自己的信心也会大大增加,话题也会越来越展开,头绪也会逐渐清晰起来。或许,这场谈话才会变得有意义。

显然,有这样的结果,是因为受到善于倾听的人的无形鼓励。如果你想建立一个广泛的交际网,那么真诚谦逊地成为别人的听众,展现出你的兴趣,会极大地帮助你。

当然,最重要的是仔细倾听。仔细地听对方说了什么也是相互尊重的基础,在此前提下才能继续交流。接下来,友好地给予对方一定的鼓励也是尊重对方的表现。在对方说话时,如果对方说的话你能够耐心地听完,就是在告诉对方你很有兴趣,仿佛在跟他说"你说的对我有一定的价值"或"你是值得交的朋友"。无形中,对方的自尊心也得到了满足,他也从中体会到了自己的价值。进一步,听话的人对你的好感就会大大提升——"他理解""终于有人愿意倾听我说的话了"——于是,彼此就不再陌生了,终于成为要好的朋友。

如何倾听并在交际的时候展现出来?

想当一个善于倾听的人,就要养成认真"听"话的好习惯，我们都需要注意基本的礼貌素养。要学会倾听，不仅仅要热情，还得有倾听的方法，如果你想要把这个发挥到极致，就需要在平时多加练习。听的时候要专心，用眼神进行交流，对对方的话有所反应，根据当时的客观环境采用相应的表情姿势。不要东瞟西看，也不能一副厌烦的样子，更不要边听他人讲话边做别的事。别人在说话时，切忌随便打断，也别接过话来下结论。如果没有听明白，需要打断别人的话，一定要礼貌地进行询问。

做个好听众，
适时发表个人意见

在谈话时，有的人总喜欢一直复述相同的事情，有的人喜欢把一些老笑话当新的笑料。这个时候要能够耐得住性子。表面上要显得有耐心，可以在心里告诉自己他的记忆力不够好，应该给予同情。如果对方十分有诚意，你也要真诚地和他交流。但是，假如对方的话题你不感兴趣，那就需要采取其他方法不让他继续下去，最好的方法就是悄悄地转变谈话的内容。

交流时，人们最讨厌不真诚的人，而人们又喜欢互相恭维。

交流时，人们最不喜欢自以为是的人，总有人觉得其他人都羡慕崇拜自己，结果反而受到他人的鄙夷。

人们最不喜欢和毫无反应的人交谈，要对别人说的话有所反应。不时地点头赞许；时不时赞同别人的看法和意见；偶尔提出自己的意见；假如对方说的话都很精辟，大可真诚地加以赞赏。

不仅要学会做一个好听众，也应该适当陈述自己的观点。尽量不说与其无关的话，更加不能三心二意、顾左右而言他，也别做看手机、换姿势、玩手机等令人厌烦的动作。

在一些正式的交际场合，不问男士关于钱的问题，对女士不要询问年龄。不要直接问他人的工作、背景、家庭等个人隐私问题。和女士交谈的时候切忌说到身高、体形等，不要追问对方回避的问题，更不要打破砂锅问到底。如果不小心涉及别人的敏感问题，要适时表达歉意，或马上换一个话题。

在和他人的交流中要忽视自己，别一直说自己的生活、家庭和工作。要留给对方充分的时间表达，让对方说他们自己的事情，用真诚的态度去聆听他们，对方也会高兴，对你的印象也会比较好。

要时刻注意自己的用词，不可刻薄。

言语刻薄的人知道自己说的话很伤人，反而以此为乐，这就是一种病态心理。之所以这么做，也有其原因，他是被环境诱导误入歧途的。

第一，这样的人一般都比较聪明，并有点自负，但人们又不认同他的聪明，让他觉得怀才不遇。第二，这样的人自尊心十分强，希望得到他人的尊重，然而事实却相反，所以他比较容易敌视他人。第三，心里有所仇视，一直找不到发泄的出口，又无法提高自身的修养，也就只能肆意发泄。因为容易受到刺激，凡是和他有所接触的人都会成为他发泄的对象。他觉得他人都很可恶，不管是否有过节，他都会伺机等待、突施暗箭。这样的人很容易失败，不容易成功。家庭内部，就连他的家人也难以忍受他的这种行为；交际圈里，别人也会跟他对着干，最后他会成为大家的共同敌人。因此，言语太过刻薄会伤及他人，最后还是害了自己。

如果不爱听他人的话，大可不听不闻；如果看不顺眼他人的行为，大可眼不见心不烦，不要锱铢必较，切忌伺机报复、对着干。否则，在使对方感到难堪的同时，也让人觉得你没有气度。

02
话题接得准，无论聊什么都开心

把话接好，
平淡的话题也能出彩

关于话题，可能有人认为只有那些令人兴奋刺激的话题才值得一谈，所以便苦苦地搜寻一些奇闻、惊心动魄的事情，或是令人难以忘却的经历以及不寻常的事情。其实，这种认识有偏差，话接好了，那些看似平淡如常的话语也会让人产生亲切感。

一位年轻漂亮的姑娘走进一家珠宝店，在柜台前端详了许久。售货员礼貌地问了一句："姑娘，请问您需要什么？"

姑娘不冷不热地回答说："随便看看。"从她的言语中，售货员敏锐地察觉到这是位性格独特的女孩。此时，售货员如果不能找到令顾客满意的话题，那么，这笔生意很可能泡汤，钱财就从自己手边溜走了。

这时，售货员开始不断打量这位年轻漂亮的姑娘，她从姑娘的穿着打扮上判断，这位姑娘是一个非常讲究的人。于是,售货员赞美道:"您的这件上衣好漂亮啊!一定花了很多钱吧?"姑娘的视线从陈列品上移开了,说:"当然了,这种上衣的款式比较特别,我非常喜欢它。"售货员又接着说:"这么有品位的衣服,肯定出自名家之手吧?"姑娘骄傲地说:"那当然了,它是我朋友专门为我挑选的。""姑娘您本来就天生丽质,再穿上这件衣服,更显得光彩照人了。"售货员面带微笑地说。

"您过奖了。"姑娘有些不好意思地说。

售货员见此情景,又补充道:"不过,这似乎还有些美中不足,如果您能再搭上一条项链,那就锦上添花了,它能将您衬托得更加完美。"

姑娘客气地说:"是呀,我也是这么想的,只是项链也是一种价格不菲的商品,我有些担心自己选得不合适……"

售货员又说:"姑娘如果信得过我,就让我做姑娘的参谋吧……"

最后,这笔买卖顺利地做成了,姑娘满意地买走了适合自己的项链,而售货员也得到了一笔收入。

有人认为,这种交谈方式是做买卖的一种手段。其实,寻找安全性话题的谈话方式完全可以运用到各种交际场合中。

与人交谈时,有人感到非常拘束,羞于启齿;有人觉得找不到共同话题,没有共同语言,无法交谈;有人倍感尴尬窘迫,欲言又止,或语无伦次;有人说话生硬,让人误解……产生这些现象的根本原因在于没有找到安全性话题。

那么，究竟什么样的话题才算得上是安全性话题呢？如何才能找到安全性话题呢？以下几点可供参考：

1. 讲话要因人而异

有些话题虽然一般人听起来会觉得很有趣，而且在谈话中非常受人欢迎，无论是听的人还是讲的人，都能有种满足感。但这类话题毕竟不多，有些诸如家喻户晓的新闻，根本不用等你来讲，别人就早已听过了。

你在某一个场合讲了一个故事，很受大家的欢迎，而这个故事在另外一些人的面前并不见得合适。所以，如果一味地认为只有那些不平凡的事情才值得交谈，那也就会常常觉得无话可谈了。

2. 要寻找大家熟知的话题

寻找谈话的内容也是一个非常关键的环节。

有些人喜欢与别人谈一些与哲学相关的话题，但由于大多数人对这样的话题不感兴趣，所以若以这样一个话题开场，即便准备得再充分，在一般场合下也会变得无话可谈。

如果在日常生活中多加留意的话，那么很多题材都可以成为良好的谈话素材。比如，谈足球、篮球和羽毛球；或是谈生命、爱情、同情心、责任感、真理、荣誉；也可以谈一些饮食、天气之类的；还可以谈谈某个人的见解，顺便陈述一下自己的观点等。当然这是一个灵活的话题，也可以作一下调整。

如果双方是初次见面的陌生人，不妨先从天气、籍贯、兴趣和衣着等方面入手。这些也属于安全性话题，而且不会触及个人隐私，以便继续交谈下去。例如："你是哪里人？""山东。"这样，便可以谈论山东一些秀美的景观、发达的城市等。如此一来，双方的话匣子就打开了，谈话氛围也会逐渐好起来。或者，你还可以说："今天天气真好，如果能外出郊游，那可真是不错。你喜欢什么样的户外运动？"对方可能会说："我喜欢爬山……"然后，就可以循着对方的话题，继续交谈下去。顺势类推，绝对能找出源源不断的话题，甚至会觉得意犹未尽。

3. 试着探求对方的兴趣爱好，寻找安全性话题

人际交往中，若想与众人攀谈，只要主动、热情地同他们说话、聊天，在话语中逐渐摸索、尝试，总会找到合适的话题。

与人交往的过程中，要想找到对方的兴趣和爱好，不断拓宽谈话范围，那么说出来的第一句话就必须要使对方能够充分明了。比如：看到一件雕像，可以指着这件雕像说，真像××的作品；抑或是听见鸟鸣，就说很有门德尔松音乐的风味。说出这些话的时候，要确定对方在这方面不是一个外行才行，否则，不仅不能讨好取悦对方，还有可能会让人感到厌烦。

如果不知道对方的职业，就不可胡乱说话，因为失业的人不少，自尊心很强同时又失业的人非常讨厌别人问及他的职业，所以像这样的话题要尽量地回避。

若想知道一个人的职业，可以说："阁下常常去游泳

吗？"他说："不。"那你就可以问他："整天都是很忙吗？每天去哪儿消遣比较多呢？"

这种问法，也是试探他人职业的一种方法，这样，就可以试探出对方是否有稳定的工作。如果对方的回答是周末或每天五点后去消遣，那么，这个人肯定是有固定职业的人。反之，就不必再细问了。

一旦确定了这个人有工作，再去问及职业，如此一来，就可以和对方谈工作范围以内的事情了。

话想接得住，
就要抓住听者的心

语言可以改变别人对你的看法，对你有一个全新的认识，抓住听者的心就是最重要的手段之一。如何才能抓住听者的心？

1. 察言观色，了解对方心理

现代社会的人际交往还需建立在察言观色的基础上，尽管有故意迎合之嫌，但却是交际中必不可少的。因为少了察言观色，就会缺少原动力，失去有利优势，自然不能了解对方心理，更谈不上说出他人想听的话了。

例如，对一个刚刚失业的人来说，最讨厌听到的就是有关工作的话题。假如忽略对方所思所想，很可能说出不得体的话，使对方对你产生看法。此时，最应该做的是尽力开导、安慰对方。借用一句歌词："心若在，梦就在，天地之间还有真爱；看成败，人生豪迈，只不过是从头再来。"让对方重新振作起来，开创新的事业，还可以告诉他如今的许多成功人士也曾有艰辛的时期。这样，双方距离很快就会被拉近。

社交过程中，许多人感叹与人相处难于上青天。其实并非如此，只要具备察言观色的本领，就一定能把话说得更加动听，更能抓住听者的心。

2. 把握时机，巧妙插入话题

与人交谈的过程中，不要放过任何一个结交朋友的时机，一旦发现时机，一定要努力抓住。但是，前提是要让所说之话抓住别人的心。其实，要想把握住交谈的时机并非难事。只要在适当的时机介绍、表现自己，再以恰当的话题介入交谈，让对方充分了解自己，就能拉近双方感情，还有可能在言语上引起共鸣，获取收益。

王先生非常喜欢晨练，一天，他在晨练过程中，听到了一位女青年动听的歌声。王先生停住了脚步，静静欣赏品味。片刻后，他很礼貌地对女青年说："你的歌声非常优美，你很有音乐天赋，你的歌声深深地吸引了我。"女青年高兴地说："谢谢，我是北京音乐学院的学生，已经学习音乐3年多了。"双方经过介绍，逐渐找到了共同点，即热爱音乐，向往音乐的圣殿。这样，双方都加深了了解，拉近了彼此的距离。

实际交往中，会遇到形形色色的人，在交往的过程中，一定要因人而异。对待性格比自己更内向的人，要以轻松活泼的话题为主，如籍贯、天气等，千万不要跟对方谈论一些大的哲学道理或学术问题，这样，会给对方造成压力，给继续交谈造成障碍。与性格外向的人交谈，最重要的是营造一种轻松、愉悦的交谈氛围，尽可能引起对方的谈话欲望。

与人交谈，无论是熟人还是陌生人，都必须注意谈话内容的选择，尽量避免那些容易引起争议的话和尖酸、刻薄的词语。为此，当选择某种话题时，要特别留神对方的眼神和小动作，如察觉对方厌倦此话题，应立即转换话题。如果自己的言语伤害到了对方，必须立刻向对方道歉，请求对方的原谅。

3. 交谈还要收好尾

告别语运用恰当，不但能为此次交谈画上圆满的句号，还可以给别人留下深刻的印象，使对方产生意犹未尽的感觉，希望能再次与你交谈。如在结束语中，加入这样的祝福话语："身体健康，工作顺利。""今天与您结识真是三生有幸，但愿能保持联系。""有什么能帮上忙的事情尽管开口，我一定拼死效劳。"当然，听者听到这类语言也应有所回应，如："听君一席话，胜读十年书。""天下没有不散的筵席，谢谢你的盛情款待。"这样，谈话双方的感情，一定会升华到一个新高度，为日后交往奠定基础。

其实，要想把话题深入下去，使双方产生共鸣，最为有效的办法就是谨遵上述几点。情要热，语要妙。情热，是指用满腔热情对待交谈对象，待人必须真诚；语妙，就是指用词得当、彬彬有礼，表现出应有的风度。切忌不顾及对方感受，自顾自地讲个没完；过分热情也会给人传递错误的信号，使对方认为你图谋不轨，从而对你提高戒备心理，这对深入话题、引起共鸣非常不利。

  与人交谈时，只有抓住对方的心，才能把话说得更漂亮、动听，才能给人留下深刻印象。要知道，一句漂亮的话，如同一颗善意的"种子"，诚挚精心护理之下，定能开花结果。

平时多积累，
可以信手拈来

傅斯年说过："一分材料出一分货，十分材料出十分货，没有材料便不出货。"接话同样如此，有多少话题就能说多少话，没有话题就无话可说。如果你能和任何人谈上10分钟并使对方发生兴趣，这就说明你已经懂得了怎样找到合适的话题了。因为人的范围是很广的，不管是工程师、法学家，还是教师、艺术家、采矿工人，总之，无论哪个阶层的人物，你若能和他谈上10分钟使他感兴趣的话，就很不容易。不过不论难易，我们都要设法突破难关。我们经常看到许多人因为对于对方的事业毫无认识而相对默然，这是很痛苦的。其实，只要你肯下功夫，在日常生活、工作中多积累话题素材，这种尴尬的情形是可以避免的。

诸葛亮的辩才是名垂青史的，尤其是他在赤壁之战前，舌战群儒和智激周瑜的故事更是脍炙人口。

江东孙权治理吴国时，"内事不决问张昭，外事不决问周瑜"。是战是和，周瑜是一个关键人物。面对这样一位年轻气盛的将领，诸葛亮背诵了曹操写的《铜雀台赋》，借用赋中"揽二乔于东南兮，乐朝夕之与共"的句子，作为曹操想夺孙策和周瑜二人的妻子的证据，以此来激怒周瑜（"二乔"中的大乔是孙策的妻子，小乔是周瑜的妻子）。周瑜听罢，勃然大怒，离座指北而骂曰："老贼欺人太甚！"接着，周瑜明确表示了抗曹的决心："望孔明助一臂之力，共破曹贼。"诸葛亮就这样圆满完成了联吴抗曹的使命。

在关键时刻，引用一赋竟能有如此巨大的作用，实在令人赞叹。这个故事生动地说明，平时积累知识，适时适地恰到好处地运用它，对于增进言辞的雄辩性是何等重要！诸葛亮平时若从未读过曹操的《铜雀台赋》，又怎能在与周瑜交谈之时用上呢？

1924年5月8日，印度大诗人泰戈尔在北京度过了他64岁寿辰，北京学术界代表在东单三条协和礼堂为泰翁举行了祝寿仪式。

梁启超首先登上讲台，向这位深口隆准、须发皓然的老寿星致祝词："泰翁要我替他起个中国名字。从前印度人称中国为'震旦'，原不过是支那的译音，但选用这两个字都含有很深的象征意味。从阴霾的状态中必然一震，万象复苏，刚在扶桑浴过的丽日，从地平线上涌现出来，这是何等境界。'泰戈尔'原文正合这两种意义，把它意译成'震旦'两字,再好没有了。从前自汉至晋而西来的'古德'('古德',就是古代有道德的高僧),都有中国姓名,大半以所来之国为姓,如安世高来自安息,便姓'安',支娄迦谶从月支来便姓'支',康僧会从康居来便姓'康',而从天竺——印度来的都姓'竺',如竺法兰、竺佛念、竺护,都是历史上有功于文化的人。今天我们所敬爱的天竺诗人在他所爱的震旦地方度过他64岁的生日,我用极诚恳、极喜悦的心情,将两个国名联起来,赠给他一个新名,叫'竺震旦'。"

这时,全场大鼓掌。

梁启超接着说:"我希望我们对于他的热爱,跟着这名字,永远嵌在他心灵上,我希望印度人和中国人的旧爱,借'竺震旦'这个人复活起来!"

这番精彩的讲话中包含着丰富的历史文化知识。梁启超熟悉历史,不光熟悉古中国——震旦,也熟悉古印度——天竺,还懂得"泰戈尔"原文的含义,他所具有的外语知识、佛教知识和历史知识都十分丰富。这些引人入胜的史实文典与为泰戈尔命名这一话题有机结合起来,妙趣横生,无怪乎引起"全场大鼓掌"这样轰动的表达效果。

俗话说"巧妇难为无米之炊",没有话题,谈话就没有焦点。光是空说话,没有实际意思。那么,怎样巧找话题呢?为了防止在谈话中没话找话,东拉西扯,甚至出现前后矛盾等问题,那就要谈话者从具体情况出发去考虑,学会察言观色,以话试探,寻求共同点,抓住了共同点就抓住了可谈的话题。如果是因为话不投机，出现难题，那就要求同存异，或是检讨自己的不妥之处，表示歉意。如果对方有什么顾虑，或是沉默的原因不明，那就随便找个话题，引起对方的兴趣，说个笑话、谈点趣闻都可以活跃气氛。

从具体情况出发，可以选择采取下面的方法：

1. 你想了解什么就问什么、谈什么

与陌生人交谈，一般都可以先提一些"投石"式的问题，在略有了解后再有目的地交谈，便能谈得较为自如。如在商业宴会上，见到陌生的邻座，便可先"投石"询问："您是主人的老同学呢，还是老同事？"无论问话的前半句对，还是后半句对，都可循着对的一方面交谈下去；如果问得都不对，对方回答说是"老乡"，那也可谈下去。假如是北京老乡，你可和他谈天安门、故宫、长城，谈北京的新变化；如果是福建老乡，你可与他谈荔枝、龙眼、橘子、沿海的水产等。从而开始你与他的交谈，也许他将来就是你事业上的合作伙伴呢！

2. 就社会热点问题进行交谈

陌生的双方刚一接触，纯属个人生活的事情不宜多谈，但可以对时下人所共知的社会现象、热点问题谈谈看法。如果对方对这一问题还不太清楚，你可以稍作介绍。例如，近期影响较大的社会新闻、电影、电视剧和报刊文章等，都可以作为谈话的题目和交往的媒介。

3. 从眼前和身边的具体景物上找话题

（1）注意家庭状况。 谈家庭生活并不一定就是俗气，家庭是社会的细胞，家庭生活的完美、和谐是每个人的理想。这类话题不必做准备，随时都可以谈论，但有思想的人可以从中发现许多人生的哲理。

（2）观察其住所摆设装饰。 如果是预约式的拜访某陌生人，那你最好具备一些洞察力。 你首先应当对即将拜访的主人作些了解，打听一下对方的情况，关于他的职业、兴趣、性格之类。 当你走进其住所后，可以凭借你的观察力，看看能否找到一些了解对方性格的线索。 如果墙上挂着的是摄影作品，即可揣测对方是否是摄影爱好者等。 屋内的装饰摆设可以表现主人的喜好和情调，甚至有些物品会引出某段动人的故事。 如果你把它当作一个线索，不就可以了解主人心灵的某个侧面吗？ 了解了对方的一些个性，不就有话题了吗？ 交谈前，使用多种手段，尽可能地多了解对方，再对所获得的种种细微信息进行分析研究，由小见大，见微知著，作为交谈的基础。

（3）从双方的工作内容寻找。 相同的职业容易引起共鸣，不同的职业更具有新奇感和吸引力。

（4）从双方的发展方向寻找。 人都关心自己的未来，前途与命运是永恒的话题。 人生若没有前进的方向，生活便失去了动力。 这类话题最易触动对方敏感的神经。 尤其是异性，更热衷于此。

（5）从彼此的经历中寻找。 经历是学问，亲身经历过的人和事往往会给你留下极深的印象。 这种交流最易让人敞开心扉，最易见到真情。

（6）关注子女教育。孩子是父母生活的希望，孩子的教育牵动亿万家长的心。怜子、爱子、望子成龙是家长的共同心理，谈及孩子，即使是性格内向的人，也会眉飞色舞、滔滔不绝。

归纳起来说，讲话务必看清对象，从他的兴趣爱好、个性特点、文化水平、心情处境等入手。陌生人之间只要做到这一点，就能由细微处见品性。

找出对方的兴趣点，和话题挂上钩

人人皆对自己的特殊经历和自认为成功的事情怀着莫大的兴趣，人们最高兴的也莫过于对他人谈论这些事情。但过分地谈论这些，会使听者失去兴趣。比如，有的人做了一个十分有趣的梦，觉得是身临其境，其乐无穷，结果逢人便说，令人不胜其烦。另外，有的人则喜欢喋喋不休地对人说一些自己以前的经历：上中学时怎样，上大学时怎样，刚参加工作时怎样，后来又怎样，等等。但是我们若仔细想一想，自己有兴趣的事情，别人也像我们一样有兴趣吗？那些断续破碎、稀奇古怪的梦境，除了做梦者本人，别人听来是非常沉闷的。如果听者对说话者提到的那些往事、那些人、那些地方一点也不熟悉，一点也不觉有趣，无疑他也不会与说话者产生共鸣。

凡此种种，不外乎证明人们对自己所经历的事情感兴趣，而对与自己毫无关系的事情觉得索然无味。所以，我们在与他人交谈时应把握听者的这一心理。因为把握了对方的这一心理，就能与对方在聊天的话题上挂上钩，让对方看到自己的反应。因为有了共同话题就能越聊越起劲，这个挂钩最好具体一点。

小何是一位铁杆球迷。有一次，在去广州的火车上，她遇到的同座是位东北口音很浓的小伙子。闲来无事，小何和他侃起来。她得知他是辽宁人时故作惊讶，然后顺口赞美辽宁人的豪爽、够朋友，说她有好几位辽宁籍的朋友，人特爽快。小伙子自然高兴，自报家门，说他叫李庆，是大连人，并说辽宁人是很讲朋友义气的，粗犷、豪放。而小何话锋一转，说辽宁人也很团结，特别是大连足球队，虽然每位队员都不是非常出色，但他们团结一致，奋力拼搏，经常取得好的成绩。恰巧李庆是位球迷，两人直侃得天昏地暗，下车后还互留了通信地址。在李庆的介绍下，小何认识了很多球迷，其中有一位就是她这次准备争取的客户。于是小何轻松地完成了这次推销任务，为公司赢得了一个大的客户，更值得高兴的是结交了许多朋友。

在与李庆交谈时，小何先是从"辽宁人"这个话题入手，然后转到"足球"这个两人都感兴趣的话题上，这就找到了与李庆的"具体挂钩"，进而两人越谈越投缘。经过一番"神侃"之后，两人很快加深了了解，成为朋友，这层关系对小何完成任务提供了很大帮助。

由此可见，所谓的挂钩就是你与交谈对方的共同点。而具体挂钩就是你所找到的与对方的共同点越具体越好。我们都知道会说话，能把话讲到点子上是一种本领，而在没话题，双方都尴尬的情况下，如果你能找到彼此之间的一个"具体挂钩"，就能打破僵局，活跃当时的气氛。

小于20岁，是一个很会说话的人，他平时最喜爱交一些志同道合的朋友，即使面对众多的陌生人，他也能不费吹灰之力和别人说到一块去。

有一次，他和跟他年龄相仿的一群陌生人在一起，由于大家谁也不认识谁，所以没有一个人先说话，场面很尴尬。这时，他就打破了将要凝固的气氛，他说："听说周杰伦又出新专辑了。里面有一首歌曲叫《青花瓷》，歌曲还不错！大家怎么看？"

这时，大家就七嘴八舌地议论开了，因为小于深知，在这一群人里面肯定有喜欢周杰伦的，但也有不喜欢他的，但大家都是相仿的年龄，肯定都很关注娱乐明星的动向……

这是为什么呢？原来他有秘密武器，小于总能根据不同的场合、不同的性格的人找到共同的话题。而他找到了一个比较热门的人物周杰伦，这是大家都比较关注的人物，因为一说到周杰伦，谁都能说上两句，谁要是说不上来就表示落伍了，所以大家都会对娱乐新闻这方面较为关注。

谈论别人感兴趣的话题很容易拉近人与人之间的距离。谈论别人感兴趣的话题对双方都有好处，不仅可以使别人对你产生兴趣、钦佩你，而且可以使自己更关心别人，关心他人对自己的要求。 要想多交朋友，要想在交际上取得成功，自己就应该少说别人不感兴趣的话题，比如两个人刚见面时，不知道对方的性格、爱好、品性如何，往往会陷入难熬的沉默与尴尬之中。 这时我们应当主动地在语言上与对方磨合，等找到了对方的"具体挂钩"，就可以此作为共同话题，很快地拉近距离。

"物以类聚，人以群分"，每个人的社交圈实际上都是以自己为圆心，以共同点（血缘、年龄、爱好、工作、知识层次等）为半径构成无数的同心圆。 你与对方的"具体挂钩"越多，圆与圆之间交叉的面积就越大，共同语言也越多，也就更容易引起对方的共鸣。 在这里要提醒的是，若与对方有"具体挂钩"，就算再细微的也要强调。 对于可能的共同点，一定要努力找出来，这样可以很快地消除彼此间的陌生感，产生亲近的感觉，不但可以使对方感到轻松，同时也能引导对方说出真心话。

接准话题,越聊越开心

大连足球是有底蕴的,只是这两年在低谷,再练两年,这帮小伙子一定能踢出来。

唉!大连又输了!

来尝尝这款滇红。

刘总真懂茶,现在正是喝红茶的时候。

这要是自己钓上来的鱼,吃起来更香。

接话务必看清对象,从他的兴趣爱好、个性特点、文化水平、心情处境等入手。陌生人之间只要做到这一点,就能由细微处见品性。

王总一看就是钓鱼高手,我知道一个地方不错,下周一起去?

通过话题导航
成为交流的舵手

生活中,当我们同他人在沟通中出现分歧时,硬碰硬是最不可取的方式。在人们的思想中总是徘徊着这样一种想法,那就是一旦我们与对方在某一件事上存在分歧,那么双方之间就是对立的关系。如果想要双方达成一致,只有靠更有说服力的理由和更强的气势来压制对方。但是,如果你真的对上司或客户采取这种强硬的方式,那么后果也就不堪设想了。我们若能改变话题,从另一个角度出发,局面也许就大不一样了。

阿尔弗雷德年事已高,公司根据有关规定,决定劝说他退休。可这位老人不太愿意,他对来劝说他的布朗大发牢骚:"我年纪是大了点,但我有丰富的经验,还有不输给那些小子们的热情。辛苦了几十年,就这么退下去,我想不通!"布朗接过他的话说:"不错,我们这些人,过去的确为公司付出了许多,吃过不少苦,但我们还有一个责任,就是培养自己的接班人。恕我直言吧,在我们领导下的一些人,如果至今还没有人胜任我们的工作,那就说明我们是不称职的;如果有人能胜任我们的工作,而且比我们做得更好,那我们还有什么必要去争这份热情呢?"

听完布朗的话,阿尔弗雷德无言以对,接受了退休的安排。

在这种情况下,最聪明的做法就是转移焦点,改变话题,以获得谈话的主动权。而在改变话题之前,你应该先迎合一下对方的话语——就像布朗说服阿尔弗雷德时所用的方法一样。当谈话刚一开始的时候,双方就在阿尔弗雷德退休的问题上发生了矛盾,这矛盾看起来似乎不可调和。这时,布朗出招了。阿尔弗雷德认为自己还能继续胜任工作。布朗首先认可了这一点。不过,随后布朗的话锋一转,提出一个称职的领导者必须承担的责任。而对阿尔弗雷德来说,要承担这个责任,就应该选择退休。这样,布朗把阿尔弗雷德和继任者之间的对立转化成他自己的矛盾,并最终让阿尔弗雷德心服口服。

这其实是一种明显的话题转变,但如果布朗一开始就说:"你没能培养出有能力的下属,还好意思说自己称职并赖在这个位子上不走?"——恐怕阿尔弗雷德不仅无法接受,还会被气得暴跳如雷。

迎合对方,可以逐渐将对方的注意力从双方的分歧点上引开,从而提高双方达成共识的概率。其实,迎合气场还可以通过让别人畅所欲言,为你提供插话的最佳时机。当你去迎合对方的气场时,你的气场就会传递出这样的信息:"是的，你说的都很好，我很感兴趣，请接着往下说吧。"每个人都有交流和倾诉的欲望，当你表现得像一个在积极倾听的人，就会激发对方的倾诉欲。这期间你再顺势插话，就能在不知不觉中掌握对话的方向。

另外，插话时机要注意根据实际情况来定，但是在任何一种情况下，插话都应该在对方改变了说话的状态和内容的时候进行，而不应在对方谈兴正浓的时候打扰。当说话的状态和内容改变时，对方的气场就会稍稍变弱，就像汽车过弯道时要减速，而你此时正好把握时机打方向盘；如果对方正在兴头上，气场正强，你却来干扰，对方就会明显感到压抑，你也就别想把下面的话说完了。

除了插话的时机外，我们还要注意插话的内容要尽量体现出中立而不是对立。所谓的迎合，就是避开分歧甚至不要产生分歧——即使一定会产生分歧，你也不要刻意说出来强调它。另外，不要使用评论性的语言进行插话，即使你认为自己的评论也是在迎合对方。不过，每个人对问题的理解并不相同，所以，也许你的"迎合"可能在对方听起来并不是那么合拍。因此，在获得话题主动权之前，你应该将插话时保持中立作为一条重要规则。

以迎合对方来回避双方的矛盾点，并适时改变话题，使交流向有利于自己的方向发展，从而最终说服对方——这是一种复杂而又简单的沟通方式。说它复杂，是因为它没有固定的标准，必须在面对不同问题和不同人进行沟通时随机应变；说它简单，是因为人的话语都存在一些共性，当你逐渐认识到这些共性，你将发现与他人进行话语交流是如此轻而易举。

03

接话接得巧，才能让谈话更深入

开口前要学会
洞察全场气氛

孔子在《论语·季氏》里说:"言未及之而言谓之躁,言及之而不言谓之隐,未见颜色而言谓之瞽。"这句话有三层意思:一是不该说话的时候说了,叫作急躁;二是应该说话的时候却不说,叫作隐瞒;三是不看对方的脸色变化,贸然信口开河,叫作闭着眼睛瞎说。

这三种毛病都是缺乏瞬间读懂全场气氛的洞察力,没有注意说话的策略和技巧造成的。说话是双方的交流,不是一个人的单方面行为,它要受到各方面条件的制约,如说话对象、周边环境、说话时间等,所以说话要学会瞬间读懂谈话场合的氛围,把握时机。如果不顾说话对象的心态,不注意环境气氛,不到说话的时候却抢着说,很可能引起对方的误解。所以,说话前洞悉全场的气氛是非常重要的。

没有掌握说话的氛围,不论话的内容有多么精彩,也不会有任何意义。这就犹如一个有着强健的体魄、良好的技艺的棒球运动员,没有掌握好击球的瞬间,结果挥棒只能落空。

某学校为两位退休老教师举行欢送会。会上，领导非常得体地赞扬了两位老教师的工作和为人。但是，两相比较之下，其中那位多次获得过"先进"的老教师得到了更多的美誉。这让另外那位老教师感到相当难过，所以在他讲完感谢的话以后，又接着说："说到先进，我这辈子最遗憾的是，我到现在为止一次都没有得过……"这时，一位平日里与他不和的青年教师突然开口说："不，不是你不配当先进，是因为我们不好，我们没有提你的名。"

一时间，原本会场上温馨感动的气氛被尴尬所取代。领导看气氛不对，马上接过话说："其实，先进只是一个名义罢了，得没得过先进并不重要，没有评过先进，并不代表你不够先进，我们最重要的还是要看事实……"这位领导本来是想要缓和一下气氛，结果反而使局面更糟糕。

其实，会场的气氛之所以会如此尴尬，最主要的还是退休老教师、青年教师以及领导他们三人没有正确洞悉说话的氛围。首先是那位退休老教师，就算自己心里面有多少遗憾，也不应该在欢送会这样的场合讲出来。而那位青年教师，也不应该在这样的场合为图一时之快，说那些刻薄的话。最后，那位领导在场上出现尴尬的时候，应该极力避开那个敏感话题，而不是继续在这个话题上唠叨不休。

如果在与别人说话时的气氛好，或者当时所谈论的话题人人感兴趣,那么人们的谈话兴致便高,回应的速度也会很快,这样就避免了自说自话的尴尬,无形中减少了人在发言时的恐惧感。 生活中,无论是吃饭,还是学习,大家总喜欢说:"要有氛围!"没错,氛围真的很重要,尤其在与人交往的时候,如果渲染得当,可以大大增强你的吸引力。 不信吗? 那不妨来看一看下面的例子吧!

为了丰富学生的课余生活,某大学专门邀请一位著名教授举办了一个讲座,但由于临时改变地点,时间仓促,又来不及通知,结果到场的人很少。教授到了会场才发现只有十几个人参加。

他有点儿尴尬,但不讲又不行,于是他随机应变,说:"讲座的成功不在人多人少,中国共产党第一次全国代表大会也才到了十几人,但意义非同小可。今天到会的都是精英,我因此更要讲好。"

这句话把大家逗得开怀大笑。这一笑活跃了气氛,再加上教授充满激情,使得讲座非常成功。

人际交往就如同舞台上的演出,为了保证演出的成功,不仅需要很好的台词、演技,还需要一种看不见、摸不着、却必不可少的东西——氛围。 就像电影中要有背景音乐来渲染气氛,在人际交往的场合也往往需要营造点氛围,好像交际的润滑剂,使交际能顺利地进行下去。

有一家公司召开年终总结大会,董事长讲话时将一个数字说错了。

一个下属站起来，冲着台上正讲得眉飞色舞的董事长高声纠正道："讲错了！那是年初的数字，现在的数字应该是……"结果全场哗然，把董事长羞得面红耳赤。事后，这名员工因为一点小错被解聘了。

当然也有人做得很好。

有一家公司新招了一批员工，在董事长与大家的见面会上，董事长逐一点名。

"黄烨（华）。"

全场一片静寂，没有人应答。

一个员工站起来，怯生生地说："董事长，我叫黄烨（叶），不叫黄烨（华）。"人群中发出一阵低低的笑声，董事长的脸色有些不自然。

"报告董事长，是我把字打错了。"一个精干的小伙子站了起来，说道。

"太马虎了，下次注意。"董事长挥挥手，接着念了下去。

董事长从此就对这个小伙子特别留意了。他发现这个小伙子其实是一个很有大局观的人。团队里面出了问题，他会首先站出来承担责任。而有了什么成绩，他也不会独揽。所以，在团队中他的人缘非常好。

没多久，那个小伙子因为各种优异的表现被提升为公关部经理。

从这件事情我们可以看出，并不是因为那个小伙子站起来为董事长打了圆场而得到提升，而是因为小伙子能够敏锐地洞察全场的气氛，能够看到事情背后隐含的问题，并及时快速地作出判断。他看出来，董事长读错字的这种情况可能会影响到董事长身为高层领导的威信，这对于董事长以后的领导工作是很不利的，再往下深究，可能会影响到公司形象。而这个时候自己站出来的话，顶多是工作上的失误，作为一个普通员工，这样的事情不会造成什么大的影响。这名员工保全的不仅仅是领导的"面子"，更是公司的"面子"。

在交际活动中，如果把交际桌看成是会议桌，气氛就很难营造起来，也无法让对方投入。想让对方投入，一般要靠自己的带动。有一种生意人，他们在会议桌上非常严肃、非常理智，而到了社交场合，又能放得很开，与人斗酒、唱卡拉OK、开各式各样的玩笑，一副百无禁忌的样子。其实，他们是在营造交际气氛。

所以，我们要在不同的时间、地点、人物面前说符合周围环境气氛的话，这就要求说话者能够具备在说话前读懂全场气氛的洞察力。该说话时才说话，而且要说得体的话。只要我们有充分的耐心，积极进行准备，等待条件成熟，就顺理成章地表达自己的观点，不仅能令对方开心，还能令自己舒心。以下五点可以帮助我们从容洞察说话场合的气氛：

第一，看准时机再说话，要有耐心，积极准备，时机到了，才能把该说的话说出来。

第二，沉默是金，并不是说要一味地沉默不语，而要在该说话的时候不故作深沉。比如，领导遇到尴尬情况了，就需要你站出来为领导打圆场；同事有矛盾了，需要你开口化干戈为玉帛。

第三，别人在说话的时候，不要随意插嘴打断人家的话。

第四，看准时机，说不同的话。这些话都要与当时的场合、时间、人物相吻合。

第五，该说话的时候要说话，因为有时候机会转瞬即逝，错过这个说话的时机，也许以后就不会再有机会了。

用符合对方心理的语言
迎合对方

从心理学角度而言,沟通的最佳效果是双方达成共同认识,进而启发对方进行心理位置互换,让对方设身处地体验别人的心理。主动调整自己的态度和行为方式,用符合对方心理的语言则是达到这一目的的行之有效的方法之一。在人与人交流沟通的过程中,用符合对方心理的语言往往能让沟通更加顺利。

用符合对方心理的语言去迎合对方,站在对方的角度谋划和考虑,理解对方的心理、对方的需求、对方的困难,这种接话方法容易使对方接受,能让对方快速与自己达成统一认识。

有个理发师带了个徒弟。徒弟学艺3个月后,这天正式上岗,他给第一位顾客理完发,顾客照镜子说:"头发留得太长。"徒弟不语。

师父在一旁笑着解释:"头发长,使您显得含蓄,这叫藏而不露，很符合您的身份。"顾客听罢，高兴而去。

徒弟给第二位顾客理完发，顾客照照镜子说："头发剪得太短。"徒弟无语。

师父笑着解释："头发短使您显得精神、朴实、厚道，让人感到亲切。"顾客听了，欣喜而去。

徒弟给第三位顾客理完发，顾客一边交钱一边笑道："花时间挺长的。"徒弟无语。

师父笑着解释："为'首脑'多花点时间很有必要，您没听说，进门苍头秀士，出门白面书生？"顾客听罢，大笑而去。

徒弟给第四位顾客理完发，顾客一边付款一边笑道："动作挺利索，20分钟就解决问题。"徒弟不知所措，沉默不语。

师父笑着抢答："如今，时间就是金钱，'顶上功夫'速战速决，为您赢得了时间和金钱，您何乐而不为？"顾客听了，欢笑告辞。

晚上打烊，徒弟怯怯地问师父："您为什么处处替我说话？反过来，我没一次做对过。"

师父宽厚地笑道："不错，每一件事都包含着两重性，有对有错，有利有弊。我之所以在顾客面前鼓励你，作用有二：对顾客来说，是讨人家喜欢，因为谁都爱听吉言；对你而言，既是鼓励又是鞭策，因为万事开头难，我希望你以后把活做得更加漂亮。"

故事中，尽管不同的顾客对徒弟的理发手艺多少有些微词，但最终都是满意而归。这里的原因就在于理发师傅对不同情况的顾客说不同的话，用巧妙的语言迎合了不同顾客的心理需求，最终使每一个顾客都满意而归。

下乡知识青年小红在农村和农民小刘结婚，还生了个女儿。后来重逢昔日的恋人，小红欲重修旧好，却又举棋不定，于是向奶奶寻求帮助。

"你的事，奶奶全知道，如今你打算怎么办？"

"不知道，我……我说不出来……"

奶奶说："奶奶知道你委屈。人，谁没有委屈呀。我24岁那年，你爷爷就牺牲了，本家本村的都劝我再找个主儿。你曾爷爷跟我说：'女儿，地头还长着呢，往前走一步吧。'我不愿给孩子找个后爹，硬是咬着牙过来了。儿子一个个长大了，参了军，又一个个地牺牲了。可我没在人前掉过一滴眼泪。人活着，就是为了别人，去受苦、去受难，天底下哪有那么多幸福？要说委屈，就先委屈一下自己吧！"

"可我以后的路该怎么走啊？"

"做人，前半夜想想自己，后半夜想想别人。你和那个小伙子倒是挺般配的，可就算你俩成了，日子过得挺舒心的，你就保准一早一晚地不想小刘他们父女？那时，你虽吃着蜜糖，但却忘不了人家在喝苦水。你甜在嘴上，苦在心里。甜的苦的一掺和，一辈子都是块心病。我今年80岁了，什么苦都尝遍了，可就是没留下一件亏心事。俗话说，'人'字好写，一撇一捺，真正做起来就难了！"

奶奶说的话句句动人心。

"奶奶，我懂了，"小红擦了擦眼泪，说，"我今天就回家去带孩子，安心过日子。"

其实，道理小红未必不知道，只不过和理智相比，感情在这一刻占据了上风，奶奶站在为小红将来着想的角度，设身处地地为孙女分析情况，说出了小红心中的顾虑，自然而然让小红更容易接受。也就是说，正是奶奶用符合小红心理的话劝说，才使孙女作出了正确的选择。

谈话实际上是一场"心理战"。运用在谈判上，了解对方的喜好和顾虑，在有利于自己利益的前提下，迎合对方的心理，这也是谈判语言的技巧之一。对方的心理是复杂的，如怕不守信用、怕价格继续上涨、怕质量没有保证、怕维修困难等，了解这些，则能见机行事，说出符合对方心理的话，赢得对方的认同。

在某汽车制造厂召开的年度订货会上，汽车制造厂的销售科长向一百多位用户代表明确地表示："我厂产品的质量经国家鉴定为一级品，由于钢材原材料涨价和职工工资上涨等因素，成本已大大高于原销售价格。但是，考虑到顾客是老用户，我们决定，凡是在本订货会期间签订订货合同的，每辆汽车的价格按27万元计价；在此订货会后订货的，每辆汽车的价格为28万元。我代表厂方，言而有信。"当时，在我国价格体制改革和各类商品价格多有调整的形势下，这个普普通通的发言极富诱惑力。于是，这次年度订货会的成交额达到了创纪录的水平，其中仅某矿山一家便签订了每年订货10辆、连续订货三年的保值合同。

案例中的销售科长就是用符合对方心理的话迎合了购买者的心理——如商品价格频频上涨、晚买不如早买、多买比少买好、签订货合同比不签订货合同好。更何况还有"优惠""保值"等诱人的内容，所以获得了成功。

要想让对方赞同你的观点，你就必须了解对方的心理状态，说话的时候让自己的语言"与对方站在一起"。说出的话越符合对方的心理，对方就越容易接受你的观点，这是因为人类有一个共同的天性，即喜欢听"自己人"说的话。美国纽约市立大学的心理学家哈斯也说过："一个酿酒专家也许能给你许多理由为什么某一种牌子的啤酒比另一种牌子的要好。但如果是你的朋友，不管他对啤酒是否在行，他教你选购某种啤酒，你很可能听取他的意见。"

某商店有位营业员很会做生意，他的营业额比其他营业员都高，有人问他："是不是因为你能说会道，所以生意兴隆？"他回答说："不是，我的秘密武器是当顾客是自己人，用符合顾客心理的语言去迎合顾客。"

这个营业员总是站在顾客的立场上替顾客精打细算，站在顾客的角度说话，用符合顾客心理的语言去迎合顾客，从而使对方的戒备心理、防范心理大大降低，并且产生了一致的认同感，故而说服了对方，做成了生意。

很多时候，只有跟对方聊符合他心理需求的话，对方才愿意继续听下去，你们的谈话才能顺利地进行。如果在谈话一开始就说一些不着边际的，甚至是令对方抵触的话，就会引起对方的反感，你说的话他也听不进去了。这就要求谈话者学会从对方的角度去看事物的趋向。另外，在具体行动上，甚至一些微不足道的方面，在感情上表现出与听众的亲近感与认同感，往往也会使你得到巨大的情感共鸣和回报。而一旦建立了这种情感共鸣，对方自然更容易接受你说的话了。

不要着急
接话

你是否有过这样的经历：在对方还没有来得及讲完自己的事情前，你就打断了他的话，并大加评论。如果有的话，请尽量想想：你真的听懂对方的话了吗？

现实生活中，我们往往没有听别人把话说完就贸然下结论，这样武断的做法很容易出现谬误，甚至会影响到一件事情的成败。所以，不管是谁都要养成让别人把话说完的良好习惯。

在美国，有一位知名的主持人叫林克莱特。一天，林克莱特访问一名小朋友，问他："你长大后想要当什么？"小朋友天真地回答："我要当飞机驾驶员！"林克莱特接着问："如果有一天，你的飞机飞到太平洋上空时，所有引擎都熄火了，你会怎么办？"小朋友想了想，说："我会先告诉飞机上的人系好安全带，然后，我挂上自己的降落伞跳出去。"

当现场观众笑得东倒西歪时，林克莱特继续注视着孩子，想看看他是不是个自作聪明的家伙。没想到，接着孩子的两行热泪夺眶而出，林克莱特发觉这孩子的悲悯之情远非笔墨所能形容。于是，又问他："为什么要这么做？"小孩的回答透露出一个孩子真挚的想法："我要去拿燃料，我还要回来！"

这就是听的艺术。一是听话不要听一半，要让对方把话说完。每个人在滔滔不绝时都希望周围的人是自己忠实的听众，而自己就是谈话中的主角。这时，边上突然有人不断地插话，会让主角不满，甚至生气。所以，出于最基本的礼貌，我们不要轻易在他人谈话时插嘴，除非真的有必要在别人讲话时发表自己的意见。

当对方说话内容很多，或者由于情绪激动等原因导致语言表达有些零散甚至混乱时，你也应该耐心地听完他的叙述。即使有些内容是你不想听的，也要耐心听完。千万不要在别人没有表达完自己的意思时随意地打断别人的话语。当别人流畅地谈话时，随便插话打岔，改变说话人的思路和话题，或者任意发表评论，都是一种不礼貌的行为。

江永在镇上盖了一套三层的楼房，当该房子的第三层刚封顶时，几个朋友在他家吃饭。席间，突然来了一位专门安装铝合金门窗的个体户，与江永一见面就递了张名片。其实这位个体户的店铺也在本镇，虽和江永平时也见过面，但因没有业务往来，他们都不认识。与那位个体户交谈后，他们彼此觉得非常熟悉。轮到江永做决定是否将铝合金门窗的业务交给这位个体户做时,江永说:"虽然我们以前不认识,但通过我们刚才的一席话,得知你对铝合金门窗安装的经验丰富,假如我房子的门窗让你来安装,我相信你能做得很好。但是在你今天来之前,我们厂里一名下岗钳工已向我提起过,说他下岗了,门窗安装之事让他来做……"

江永的话还未说完,那位个体户便插话了:"你是说那东跑西走的马强吧?他最近是给几家安装了门窗,但他那'小米加步枪'式的做法怎能与我比?"

哎!这话不说还好,一说便让江永顿时改变了主意,江永接着说:"不错,他尽管是手工作业,没有你那先进的设备,但他目前已下岗在家,资金不够丰厚,只能这样不断完善。出于同事之间的交情,我不能不让他做!"

就这样,那位个体户只得怏怏离开了。

后来,江永对别人说:"那位个体户没听懂我的意思,把我的话给打断了。本来,我是暗示他,做铝合金门窗的人很多,不止他一个上门来请求安装。我已打听到了他做门窗已多年,安装熟练且很美观,但他的报价很高,我只是想杀杀他的价格。没想到他那么没有礼貌,打断了我,还攻击同行,这让我怀疑起他的人品。我宁愿找别人,也不要让他来给我安装门窗。"

贸然打断他人的言谈,不仅是不礼貌的行为,而且什么事也不易谈成。

在别人说话时,我们不能只听到一半或只听一句就装出自己明白的样子。听人说话，务必有始有终，但是能做到这一点的人并不多。有些人往往因为疑惑对方所讲的内容，便脱口而出："这话不太好吧！"或因不满意对方的意见而提出自己的见解，甚至当对方有些停顿时，抢着说："你要说的是不是这样……"这时，由于你的插话，很可能打断对方的思路，使他忘了要讲些什么。再者，当事情还没听到结局便急于发表见解，所发表的看法也未必正确，而总想表达自己的观点，反而不能静下心来把事情听清楚，或是不能真正把道理听懂，这样，不管是在为人处世，或是在自身的修养方面，都是很有妨碍的。凡事应在微小处注意，能够时时提醒自己尊重他人，哪怕是听话这么一件小事，也要学会尊重他人，不轻易打断别人。

社会心理学家通过对人际关系的研究，一致提出人际相处的一个最根本的信条就是"不打断对方，让对方把话说完"，并且，要完全倾听对方的谈话，这样才能使对方开怀畅谈。只有尊重别人，才会受到别人的尊重。因此，在与人交谈的过程中，应该注意尊重对方，而尊重对方最起码的要求就是不要随便打断对方的话，让对方把话说完。这样你耐心去听对方在讲什么、想要表达什么、结局如何，反而更能听明白一些道理。因此，当我们打断别人说话时，其实除了对他人不够尊重外，也在滋长自己一颗自以为是的心，长此以往，对自己的损害将是很大的。由此可见，如果想要接好话，让谈话更深入，就应做一个善于倾听别人讲话的人，根除随便打断别人说话的陋习，在别人说话时千万不要插嘴，让对方把话说完。

"yes，but" 法则

所谓"yes，but"法则，就是当一个人在批评或指出对方错误时，应该首先认同或表扬对方，然后再批评或指出其错误，这样对方才愿意回应你，接受你的观点或想法。先说 yes，再说 but，就好比在味道苦涩的药丸外面裹上了糖衣，这样就比较容易打开对话的入口。同样，委婉地表示拒绝，也比直接说"不"更容易让人接受。

当你的观点和别人的观点不一致的时候，或是当你企图用自己的观点说服他人、改变他人的想法和态度的时候，你会怎么做呢？假如当场就否定别人的观点，坚持自己的看法，这样说出的话就没有一点回旋的余地。这样，一方面让对方下不了台，另一方面激发了对方"就是要跟你对着干"的情绪。毫无疑问，这样的沟通是失败的。这样不仅无法说服对方，反而会造成对方的逆反心理，更会影响你和他的关系。我们都有这样的体会：当自己提出的意见遭到全盘否定后，自己的自尊心往往使自己难以顺利地继续进行对话。相反，一个人在提出自己的意见后，一旦受到某种程度的肯定和重视，人的自尊心会引导心理活动形成一种兴奋优势，这种兴奋优势会给人带来情感上的亲善体验和理智上的满足体验。当我们准备否定或拒绝他人的时候，不妨先对对方的想法表示肯定和接受，然后再否定或是拒绝。

谈话中，一定要让人觉得"跟你讲话永远有希望"，而不要一开头就把事情讲死。因此，不论在什么情况下，我们在否定或拒绝他人时，都应该先用"yes"表示对对方的同情和理解，以此创造一种较为融洽的气氛。在缩短双方之间的心理距离后，再讲"but"，这样一来，由于你对对手的一些看法的认同，会使对手感觉在某种程度上你还是赞同他的观点的。这时，在他眼里你是与他站在一起的，尽管你也在赞扬之后表达了不同意见，但这不表示你们俩的观点处在对立的位置。

小刘在一家保险公司做保险推销员。他是个说话高手，同事们往往在进门之前就被客户拒绝了，而他通常能跟客户聊好久，他的业绩在同事中也遥遥领先。

于是，有很多同事向他取经。他说到了最重要的一点，就是说话的时候要懂得"先肯定，后反驳"。当客户对你产生怀疑时，你不要一味地反驳客户，比如，经常有客户会说："我对保险不感兴趣！"很多销售人员就被客户的这句话拒之门外。但是小刘在遇到这种情况的时候会接着顾客的话说："您说得有道理，谁会对保险这种和生、老、病、死有关、躲都躲不及的事情有兴趣呢？

我也没多大兴趣。"

这时，很多顾客往往会反问："既然你没兴趣，为什么要做这一行呢？"这就给了小刘一个表达自己的机会。之后，他便把保险对人的重要性娓娓道来："虽然咱们都对保险不感兴趣，但是生活中很多的事情我们无法预料……"

如果小刘开始就不同意顾客的观点："你错了，保险很重要……"那么，顾客只会对他反感，必定不会给他继续说下去的机会。正是由于小刘懂得先认同（"谁都对保险不感兴趣"），再表明不同的观点（"但是生活中很多的事情我们无法预料……"），才缓和了说话气氛，然后自然地为自己争取到说话的机会。

其实，"yes，but"的应变之道不仅在沟通的时候适用，在待人处世上也有独到之处，有助于人与人之间的关系和谐。

陈涛夫妻俩下岗后自谋职业，利用政府的优惠贷款开了一家日用品商店。两人起早摸黑把这个商店办得红红火火，收入颇丰，生活自然有了起色。陈涛的舅舅是个游手好闲的赌徒，经常把钱扔在了麻将台子上。这段时间，陈涛的舅舅手气不好又输了，他不服气，还想扳回本钱，又苦于没钱，就把眼睛瞄准了外甥的店铺，打起了主意。一日，这位舅舅来到了店里对陈涛说："我最近想买辆摩托车，手头尚缺五千块钱，想在你这借点周转，过段时间就还。"陈涛了解舅舅的嗜好，借给他钱无疑是肉包子打狗，何况店里用钱也紧，就敷衍着说："好！再过一段时间，等我有钱把银行到期的贷款支付了，就给你，银行的钱可是拖不起的。"这位舅舅听外甥这么说，没有办法，知趣地走了。

陈涛不说不借，也不说马上就借，而是先说自己同意借钱，但现在没法马上就借，要过一段时间，等支付了银行贷款后再借。这句话含多层意思：一是目前没有，现在不能借；二是我也不富有；三是过一段时间不是确指，到时借不借再说。舅舅听后已经很明白了，但他并不心生怨恨，因为陈涛并没有说不借给他，只是过一段时间再说而已，给了他希望。

先答应对方的要求，然后又说"但是"为自己推脱找借口，也是一种以退为进的处世谋略。

在古代，富贵权势之家从新科进士中挑选女婿是相当普遍的现象，其中也有内心虽不乐意而迫于权势不得不应允者。

一天，某权贵之家看中一名年轻进士，便派10名家丁去强行相邀。年轻进士没有推辞，跟随而来，到这家之后，立即引来不少人围观。

一会儿，衣着华贵的主人出来，对进士说："我膝下只有一女，相貌倒也不俗，愿许配给郎君，不知意下如何？"

进士先鞠躬，后答道："我出身贫寒，能高攀贵人，深感荣幸。不过，这件事要等我回家与妻子商量之后才能答复，你看如何？"

众人知其早已成亲，无不大笑，主人则满面羞惭。

这名新科进士对于权贵之家的冒失逼婚，不直接推辞，而是恭敬地应允，然后借口说要与妻子商量，不仅表明了自己有妻室，而且还显示出对妻子的尊重，大有"糟糠之妻不下堂"之势，自然巧妙地表明了自己的拒绝之意。

事实上，人们在反驳他人的观点时总是容易陷入一个误区，即一开始就把双方分歧的局部凸显出来，这样一来很轻易地使彼此疏忽很多共识的成分，因而很容易导致争论升级。如果采取"yes，but"这种先同后异的对话方式，更可能使双方获得统一的意见。因此，在与他人进行对话交流而需要反驳他人的观点时，我们可以先不直接否定对方的观点，而是先顺着对方的思路对其看法予以肯定，接着再婉转地提出与对方不同的见解。这样往往就能让他人忘掉争执，而比较顺利地认识到自己的错误观念，从而去除思维成见，达成共识。这一点也是合乎人的心理法则的，因为当一个人说"不"的时候，他全身的神经、肌肉体系都会处于紧绷状况，从而采取抵制态度来抵御外力的烦扰；但是当一个人说"是""对"的时候，神经和肌肉却是处于松弛状态，此时他能以开放的襟怀接受新的意见。

总而言之，即使你再不认同对方的观念，想一口回绝对方，也要尊重别人。人都是要面子的，如果你能顾全对方的颜面，把对方置于平等的地位，甚至让对方有一种被重视、被尊重的感觉，他才能敞开心胸回应你，接受不同的想法；否则对方可能会变得更加顽固。"这事绝不可能！""你绝对是错的！"这样的说法会让对方难以接受，并让你们的关系进入僵局，为你说服他增加了难度。 不如换个说法："你说的这种事情也不是不可能，但是目前来说，发生的概率很小……""你的做法也许是对的，我可以理解，但是对很多人来说都不太实用。"这样，定会取得事半功倍的效果。

接话不要轻易
否定对方

话为心声，也为情声。生活在这个复杂的社会里，人与人之间的交往是沟通感情的基础。人非草木，孰能无情？在日常生活中，与他人谈话交流，一定不要轻易使用否定的语言回应对方，因为每个人都渴望从他人那里得到认可和肯定。

美国著名心理学家卡瑟拉博士颇富成效地帮助过许多人，使他们走出低谷，步入佳境。有人问道："卡瑟拉博士，你帮助别人最倚重的是什么？"卡瑟拉博士毫无遮掩地公开了她的秘诀："我使用一种奇妙无比的方法，它具有一种神奇的力量，使我能够让哑巴讲出话来，让灰心失望的人展露笑容，让婚姻遭遇不幸的夫妻重新和睦。接受我诊治的人，无论是精神分裂症患者还是正常人，这种力量都是我所知道的所有力量中最富效果的。这种力量就是——在回应对方的时候给予对方真诚的鼓励和肯定，而不是否定对方。"

然而，并不是每一个人都能做到这一点。在与别人交谈的过程中,有些人会不自觉地伤害到对方。表面上看起来他们没有做出什么无礼的举动,也没有谈论到不愉快的事情,但只要交谈的时间一长,就会让人感到疲惫,只想快点结束谈话。原来,这种人的交谈方式存在着很大的问题。让人愉快的交谈方式并不单纯是指口才水平,有时,口才好的人反而更让人厌恶,因为在交谈中,他们喜欢否定对方的观点。

张欣:"今天的天气真热啊!"
王琳:"是啊!可是昨天的天气比今天还热。"
张欣:"这么热,最好是吃凉面!"
王琳:"难道你不知道吗,凉面是冬天吃的东西哦!在酷热的夏天,吃冰凉的食物对身体不好。除了凉面还有没有更好的东西呢?"
张欣:"你觉得鸡汤怎么样?"
王琳:"这么热的天,吃那种东西会出一身汗啊!还是吃凉菜和米饭吧!"

上面的谈话中,乍一看王琳说的话并没有什么不对的地方,好像也并没有什么会影响张欣情绪的内容,但如果这番对话持续下去,张欣必然会感到极度疲劳。那是因为,无论张欣说出多么平常的话题,王琳都会去否定他的话,即使她同意张欣对天气的看法,也会绕个弯予以否定。

事实上,像上面的这种对话方式,会让张欣很快发觉王琳不但不接受自己的观点,而且不停地反驳,他说出的话都

——反弹回来，因此会在不知不觉中感到压抑，甚至会产生王琳不尊重自己的想法。如果跟王琳这类人谈话，为了得到她的认可而忙于挑选顺应她的话题，就会一直处于疲于应付的状态。可想而知，这种交谈无论如何都让人愉快不起来。

每个人都应牢记这样一个回应对方的原则，那就是不要轻易否定对方，因为你的一句否定很容易给对方造成创伤，甚至会留下很深的伤痕。这是因为人类大脑中管理情感的区域拥有很强的记忆力，因此你永远都无法抹去创伤所烙下的疤痕，而且每当遇到类似的情况时，潜伏在内心深处的伤痛就会死灰复燃。

无论遇到什么样的情况，都不能说出否定别人的话。这一点我们都该向石油大王洛克菲勒学习。

有一次，洛克菲勒的一个合伙人爱德华·贝德福特在南美的一次生意中使公司损失了100万美元。然后，贝德福特丧气地回来见洛克菲勒。洛克菲勒本可以指责贝德福特的过失，但是他并没有那样做，他知道贝德福特已经尽力了，更何况事情已经发生了，不能因此就把贝德福特的功劳全部抹杀。于是，他极力寻找一些话题来安慰贝德福特。他把贝德福特叫到自己的办公室，对他说："这太好了，你不仅节省了60%的资金，而且也为我们敲了一个警钟。我们一直都努力，并且取得了几乎所有的成功，可还没有尝到失败的滋味。这样也好，我们可以更好地发现自己的错误和缺点，争取更大的胜利。

更何况，我们也并不能总是处在事业的巅峰时期。"几句话下来，贝德福特心里暖洋洋的，并下决心准备东山再起。

洛克菲勒在爱德华·贝德福特给公司带来重大损失的情况下，不仅没有否定对方，反而给予其温暖的赞美和鼓励，这正是爱德华·贝德福特需要的。事实证明，洛克菲勒的做法极其正确，爱德华·贝德福特后来为公司带来了可观的利润。由此可见，无论什么时候都不应该轻易否定一个人。人都是脆弱的，有时候你的一些否定的话可能会给他人带来难以磨灭的负面影响。

在办公室，有年轻的女同事美容回来了，问一男同事怎么样。一般应该说"不错，很好"，而他却是有好说好，有坏说坏。他曾经指责过同事眉毛不该描，描成假的，没有原来真的好看，弄得人家心情大坏，半天不说一句话。又比如有一次，一位女同事买了一件新衣服回来，非常高兴地问他好看不好看，他实事求是地来了一句："衣服颜色与你的肤色不搭。"害得人家衣服穿在身上也觉得不舒服。

在与他人谈话交流的时候，千万不要轻易否定别人。每个人都有闪光的一面，对别人说"你能行"不是奉承，而是给他寻找自己闪耀点的支撑。因为他今天可能是个庸人，明天就可能是某个领域的先驱。

话接得巧，
谈话才能进行到底

人们在交谈的实践中，往往会出现这样的情况：引出某个话题之后，自己刚讲几句便觉得没什么可说的了，或者刚刚两三个回合，双方都同时觉得没词了。为什么会这样呢？大家都明白，如果面团有限，即使有再大的本事也不可能做出超过面团体积的面条来。同样，交谈中出现此种卡壳现象，就是因为交谈话题有限、没有展开而导致的。

既然知道了这个原因，我们就来分析一下，从而使大家在今后的交谈中避免犯错。

第一，谈话积极性不高。交谈是双方或者多方参与的语言交流活动，需要每个人积极地投身其中，才能形成热烈的谈话气氛。因此，不管是正式交谈还是非正式交谈，参与者的合作精神和意识都显得尤其重要。参加者如互有成见，或另存心思，或情绪不好，或自卑怯场，都会影响和挫伤交谈另一方的积极性，进而制约交谈话题的深入展开。

第二，对话题不感兴趣。如果一个考古研究者总是谈

巧妙接话，让交流更深入

别看人少，但在座的全是精英，我更要好好讲……

不好意思，因为临时换了地点，好多人都不知道您在这里开讲座。

头发剪得太短。

头发短使您显得精神、朴实、厚道，让人感到亲切。

我对保险不感兴趣。

您说得有道理，谁会对保险这种和生、老、病、死有关的事情有兴趣呢？但是生活中很多的事情我们无法预料……

论深奥的甲骨文，相信没有多少人可以与他对话。因此，选择一个大家都感兴趣的话题是至关重要的。如果话题不符合参与者的兴趣、爱好、心理以及当时的心情；或过于精深，超出了大家的知识范围；或容易惹是生非，制造矛盾；或涉及参加者个人的隐私；或无聊，低俗下流……一般来讲都会破坏交谈者的兴致，甚至压根儿谈不下去。

第三，没掌握展开话题的方法。从上面的分析不难看出，要使话题进行下去，而且谈得有意义，那么参加交谈的人首先要端正态度，即交谈者首先自身就要有强烈的参与积极性，要善于调节自己的情绪和抑制孤傲、猜忌、不屑一顾等不健康的心理。其次，交谈者平时要不断提高自身知识修养，交谈时要尽可能选择大家都喜欢谈而且能够谈的话题。此外，交谈者还要特别讲究展开话题的方式和方法。话题的展开并非有固定不变的模式，但如何巧妙地延续话题，就是是否善于运用技巧的问题了。

一般来讲，接好话题的方式方法最常见的有以下几种：

1. 激励法

这有两种情况。一是当对方言之有理，谈锋正健，有利于深化交谈的主题时，就要激励对方把话继续说下去，从而使对方作出更详细、更明确、更清楚的阐述。具体方法是：

（1）要对方补充说明；

（2）提问；

（3）适时插话，或简述你过去的同样经验以验证说话者的观点，或直接表示你对说话者观点的理解、赞同；

（4）注意变换答语，别总是"是""说得对"；

（5）保持目光的接触，反馈给对方积极的面部表情和肢体语言。

二是如果对方一向沉默寡言，或因故缄口不言，就要采用积极的言语技巧给予赞扬和鼓励，以刺激其谈话的兴趣。如提议说："小王在这个问题上很有研究，我们听听他的看法。"

2. 诱导法

抓住对方谈话的主要内容，顺水推舟，给予适当的引导，以利交谈的深入进行。这类引导语很多，例如，"你这话很关键，如果大伙能就此达成共识，问题可能就容易解决了"。若深谈不能进行，也可以直接提出与话题有关的某方面问题，引起大家的交谈兴趣，比如说："事出有因，产生这种情况的原因到底是什么呢？"

3. 补充法

在交谈的过程中，如果发现对方的谈话有不够全面、不够深刻的地方，可以抓住机会予以巧妙的补充，从而使交谈话题得以全面深刻地展开，此方法在交谈实践中是经常被使用的。要引起特别注意的是，千万不要为显示自己的地位重要和见解高明而没有什么补充也要"补充"一通。

4. 举例法

不少人都有这样的感受：同一个话题，别人谈起来头头是道、实实在在，但是自己说出来的话语总是干巴巴的，几句话一出就无话可说了。显然，是否善于运用举例法是一个很重要的原因。其实，说话和写文章一样，都需要借助具体的材料来说明和展开论点。在交谈中，为了支持自己的论点，列举一些例子，可以起到说明和论证的作用，同时也有利于整个交谈话题的展开。为了表示赞同对方的观点，举例可使对方觉得交谈很投机，有利于拓展话题。即使是列举反对或否定对方的论点论据，也可引起对方的思考，从而有益于对交谈的话题进行深入讨论。当然，举例并不是目的而是手段，所以，选择的事例一定要恰当，切不可滥用。

因为不善言谈而导致谈话陷入中断，一些小的细节也可以起到补救作用。比如"这发型真适合你"或"这地方的装饰真别致"，身边的一草一木，都可以成为继续交谈的话题。

只要你话接得好，就完全可以消除谈话中的卡壳现象，将谈话进行到底。

04
用幽默接话，让交流的气氛更轻松

幽默助你
化干戈为玉帛

很多人都有这样的体验：你与别人谈话时，对方竟然把你的话驳回，换之以带刺的应答。这种情况的发生大多与交流沟通不畅有关，如果任由其发展下去，就会破坏原本和谐的人际关系，使你们的关系越闹越僵。而且，这种敌对情绪是那么容易产生，无意间的举手投足到了对方那里都带有负面色彩。这种难堪、尴尬的交际，每个人都不想遇到。如果偏巧有这种情况发生在你身上，你是否懂得利用幽默巧妙应对呢？要知道，幽默可是化解敌意的良药，而且屡试不爽，让你轻松地化干戈为玉帛。

幽默语言是一种润滑剂，可有效地降低人与人之间的"摩擦系数"，并能使我们从容地摆脱沟通中可能遇到的种种难题。幽默之所以能够化解敌意，很重要的一点在于，我们通过发笑可以将内心的紧张和重压释放出来，使人际关系和谐温暖，敌意自然也会消失于无形。

一次，普列汉诺夫在日内瓦做关于《无产阶级与农民》的演讲。这次演讲遭到了社会革命党人和无政府主义者的捣乱，不时有人吹口哨，有人叫嚷，会场内一片混乱。

"早知道会是这样，我们来时就会带……"普列汉诺夫停顿了一下，"带个冷若冰霜的美女！"他沉着冷静地说。

场下的听众哈哈大笑。更令人惊奇的是，观众再没有叫嚷、吹口哨，让普列汉诺夫顺利地做完了自己的演讲。

普列汉诺夫讲话停顿的时候，绝大多数人都会认为，他接下来要说的应该是带上刀枪、棍棒、炸弹等武器，这时才能派上用场。可是，普列汉诺夫不按常理出牌，偏偏说要带个美女，而且还是冷若冰霜的美女。这话一出口就与听众的预料形成反差，妙趣横生，让听众不得不开怀大笑。在如此轻松愉悦的气氛中，来自听众的敌意自然也就消失了大半，谁都不忍再继续为难他。

在生活中，我们很可能也会遇到与自己意见相左的人，他们不停地找麻烦，引发事端，好让我们陷入尴尬境地。这时，你可不要傻傻地和对方硬碰硬，倒不如运用智慧寻找突破口，帮你化险为夷。

里根总统去加拿大访问，他在某城市发表演说时遭到了一些反美示威者的游行抗议。加拿大的总理皮埃尔·特鲁多为此感到非常尴尬。

"这种情况在美国经常发生,"里根总统微笑着说,"我想这些人一定是专门从美国赶来贵国的,因为他们想使我有一种宾至如归的感觉!"

里根总统刚一说完,特鲁多总理就如释重负地笑了起来,连场下的游行群众中也是笑声连连。

里根总统遭遇到的敌意主要来自游行群众,他寓庄于谐,幽默风趣的言谈和恰到好处的自嘲不仅缓解了他的尴尬和难堪,也消解了游行群众的敌对情绪,更消除了加拿大总理的拘谨和不安。里根总统的这一幽默可谓一箭三雕,更让我们在大笑之余见识到了他的乐观、豁达和善良。带有善意的幽默总是受欢迎的,哪怕你的幽默水平并不高,听者也会给足你面子。

要想用幽默的方式化解对方的敌意,我们首先要做的就是消解自己的敌意。

或许你会问:明明是他来挑衅我,我怎么会对他有敌意?原因很简单,对方向你投射敌意之所以会成功,就是因为你心中埋藏着很多敌意。如果你心中没有敌意,那么敌意的投射就会彻底无效。在上文的例子中,无论是普列汉诺夫将军还是里根总统,他们对对方的挑衅都以平和之心加以包容,这是能以幽默化解敌意的前提。

当然,要包容敌意并不简单,如果你是个火气大的人,倒不妨听听美国催眠大师斯蒂芬·吉利根的说法。他说,一个人向你打出一拳,你可以当面去感受这一拳打来,你也可以转身站在对方的后边,从这个角度感受他。 这时两种感受截然不同:第一种情形下,你会感觉到紧张,而且会有恐惧或怒气升起;而在第二种情形下,你的身体是放松的,而且会对这个人产生一种理解甚至悲悯。 这是一个很好的做法。 解释起来可以说,假若你以为对方的敌意是针对你的,那么你也会有敌意产生;但假若你试着站在对方的角度上,尝试着把对方的一些行为或情绪视为可以接受的,那么敌意自然就得以消除,你们之间的关系危机就成功地消解了一半。

　　消解了来自己方的敌意后,接下来你要做的就是适时地把对方逗笑了。 比如像普列汉诺夫那样悔称没带"冷若冰霜的美女",或者像里根总统那样先拿自己开涮,都可以轻松地化解敌意、活跃气氛。 如果对方是个"硬骨头",对你的敌对情绪十分坚定,那你不妨采取"冷却"的方法。你可以通过递杯清水、请喝咖啡等方法暂时打断谈话,然后尝试用幽默来赞美对方或者找一些欣喜、有趣的事情来缓和气氛。 通过这一番"折腾",一般都能成功地消解敌意,甚至还能让你们化敌为友!

用幽默化解
社交中的尴尬

在社交场合，由于自己的不慎，有时我们会使自己处于比较难堪的境地；或者我们遇到了缺乏教养的人、不怀好意的人、对我们有敌意的人，致使我们陷入比较尴尬的困境。在这种情况下，如果我们抽身而退，固然可以逃离困境，但当逃兵总是不光彩的，也会给我们日后的社会交往带来消极的影响。

有经验的人都会告诉我们，遇到这种情况，只有自己才能救自己，用自己的智慧来展示自己的幽默口才，机智应对，三言两语就能使自己摆脱困境，维护自己的尊严，给对方以有力的回击，从而也把自己的人格魅力充分地展现了出来。

号称"无冕之王"的记者是非常擅长给名人们制造麻烦的，有许多名人都曾面对过记者的刁钻提问，常有无法下台的烦恼。如果应对不慎，就会使自己的形象大受影响，这是显而易见的。但那些充满智慧和才学的名人们却八仙过海、各显神通，留下了不少风趣的故事，给我们许多启示。

相声大师侯宝林到美国去访问,美国记者自然不会放过他,提出了一个很刁钻的问题来刁难侯宝林:"里根是演员,当了美国总统,你也是演员,你在中国也可以像里根这样吗?"

这个问题可不好回答,既不能答"可以",也不能答"不可以",只见侯宝林稍一思索,就回答道:"我和里根不一样,他是二流演员。"

侯宝林的回答妙不可言,既回避了做简单的"是"与"否"的回答,又充分肯定了自己的演艺才能,含而不露,简直是无懈可击。

类似这样的难堪局面总是突如其来,让人无法提前加以防范,但幽默感强的人却往往能轻松过关,给我们留下许多逸闻,让我们津津乐道。

有一天,一个社会地位显赫、狂妄自大的太太向萧伯纳发出了请帖,想邀请萧伯纳到她家来做客。

请帖是这样写的:"星期四下午四点到六点,我将在家。"

萧伯纳对她一向是敬而远之的,绝对不会前去拜访她,于是他在请帖底下添上简短的一行字:"我也一样。萧伯纳。"然后就派人将请帖给那位太太送了回去。

不明着拒绝对方的邀请,而是声明自己也将像对方一样待在家里,拒绝赴约的意思一目了然。 这样的幽默同样显示了萧伯纳在社交上的智慧。

在各种不同的社交场合，迅速摆脱自己所处的不利处境，从而活跃气氛、赢得尊重，都离不了幽默的独特作用。由于社交中突如其来的事情比较多，许多不曾预料的情况都会发生，因此要想使自己在社交中成为明星，必须要有过人的智慧和极其敏锐的反应能力。

俗话说，"要在游泳中学会游泳"。我们也只有在社交中才能学会社交，在幽默中才能学会幽默。大胆地去实践吧！不经过实践的检验，我们就无法把自己的幽默运用得更纯熟，就无法通过社交为自己拓宽生活的道路。

幽默接话，气氛更轻松

请你把这些行李送到火车站，我自己步行过去。

到火车站50元，行李免费。

我想这些人一定是专门从美国赶来贵国的，因为他们想使我有一种宾至如归的感觉！

这种情况在美国经常发生。

先生，我看你就是最伟大的戏剧家！

人们说，伟大的戏剧家都是白痴。

化解窘境，
幽默最实用

许多人在日常生活中常常遭到那些心怀嫉妒的人的侮辱，而运用讽刺性的幽默予以反击，正是摆脱窘境的手段。

化窘境为趣味，就是在特殊的情况下，抓住时机把难堪或者不利的局面化为有趣的场景。不管多激愤的言行，只要通过幽默的方法把它夸张到既荒诞又微妙的程度，就能够转窘为趣。

两个书生外出赶考，同住在一间客房。第二天起来洗漱梳头时，两人发现房中只有一把梳子和一面镜子。年纪稍小的书生嫌年纪稍大的书生脏，便有意戏弄道："梳子你用左边，我用右边吧！"

大书生听出了小书生的言外之意，于是说道："那这面镜子你用后面，我用前面吧！"

大书生的巧妙应答不但还击了小书生的无理嘲弄，同时又令小书生无言以对，避免了正面冲突，这就是讽刺幽默的妙处所在。

讽刺性的幽默，实际上就是针对他人的侮辱，予以毫不留情的反击，而这种反击不乏趣味。在实际生活中，这需要把自己思维的潜在能量充分调动起来并加以运用。

一日，老赵买了一条围巾往家走，快到家门口时，看到邻居家的女孩也拿着一条同样的围巾往家走。老赵高兴地说："姑娘也买了这样的围巾，挺好的，暖和。"

"嗯，我觉得也是，而且才10块钱，多划算啊！"女孩开心地应道。

老赵一听，顿生怒火，转身去找卖围巾的小青年："喂，这条围巾，你刚才卖给一个女孩10块钱，为什么卖给我时却要了20块钱？你这不是欺骗消费者吗？"

"谁欺骗你了？那是因为刚才那个女孩是我的亲戚。"

老赵听完，没再说话，而是又从摊位上拿起一条围巾就往外走。小青年紧追上前，拉住老赵问道："你干什么？拿东西不付钱，想抢啊？"

"咱们是亲戚啊，还用付钱吗？"老赵从容地问道。

"谁跟你是亲戚？"小青年怒气冲冲地问。

"你不是说你跟刚才那个女孩是亲戚吗？我是她爸爸！"

老赵的一句话，顿时让小青年说不出话来了。

小青年的话本是想气老赵，老赵却抓住时机，运用幽默的智慧也跟着攀亲。由于都是假亲戚，以假对假就产生了一种荒诞,这种荒诞起到了很好的讽刺和还击作用。

生活中,有些人爱利用自己有利的条件和别人的弱点制造难堪,侮辱别人以炫耀自己,而讽刺性幽默正是与之斗争的有力武器。

有个资本家企图在萧伯纳的演出中当众羞辱他一番,便大声说道:"人们说,伟大的戏剧家都是白痴。"

萧伯纳笑着回敬道:"先生,我看你就是最伟大的戏剧家!"

资本家十分尴尬,此前的嚣张气势顿时消失了。

萧伯纳正是运用讽刺的幽默,给予对方有力的回击,维护了自己的尊严,从遭受侮辱的境地中解脱出来。

当你处在一种相当狼狈的境地,备受他人攻击和恶意侮辱时,你可能惊慌失措,可能十分愤怒,也可能十分沮丧,而这一切无法帮你从遭受侮辱的境地中解脱出来。在这种时候,就需要你把自己思维的潜在能量充分调动起来,运用幽默的语言巧妙应对,通过讽刺给对方以反击,让自己轻松地摆脱窘境。

巧装糊涂，
以幽默应对难堪

在生活中，一个人太精明并不一定是一件好事。我们应该明白，太精明在别人看来就是犯傻，忍耐有时候就是装糊涂，凡事不能表现得太聪明，这样反而对事情很有利。古人云："水至清则无鱼，人至察则无徒。"确实是这样，一个人若是过分表现出精明强干的一面，可以说是一件坏事。不管是做事还是做人，假装迟钝一点、傻一点、糊涂一点，往往会比太聪明的人活得更舒服。在平时的交往中，我们最好适时装糊涂，哪怕是面对他人的攻击，我们也需要装糊涂，避重就轻，消除彼此之间的尴尬。装糊涂是忍耐的一门大学问，也就是自己心里明白，却假装糊涂，这是因为装糊涂是忍耐做人的技巧。

面对他人的攻击，揣着明白装糊涂，学会弯腰低头，是一种做人之道，更是一种生存之道。如果你的反应过于激烈、过于直接，那将造成大动干戈的局面，而这正是交际中的大忌。不管是他人的尖酸刻薄，还是不怀好意，我们需要忍耐，适时装糊涂，故意曲解对方的意思，或者幽默面对。巧妙地装糊涂是一种真聪明，能显示出真智慧，不但可以给双方的关系涂上润滑剂，从而建立和谐友好的关系，还能使整个场面变得轻松愉快。反之，如果你太在意别人的言语，恶语相向，那必将使整个场面陷入僵局。

萧伯纳的名剧《武器与人》首演时获得了极大的成功，他应观众的要求来到台前谢幕。这时候，有一个坐在前排的人高喊"糟透了"。对于这种无礼的语言，萧伯纳并没有怒气冲冲，他微笑着对那人鞠了一躬，彬彬有礼地说道："我的朋友，我同意你的意见。"他耸了耸肩，又指向正在热烈喝彩的观众说道："但是，我们俩反对这么多观众又有什么用呢？"台下观众顿时爆发出更为热烈的掌声。

面对无礼者的言语攻击，萧伯纳并没有正面回应，而是巧装糊涂，忍受了对方的攻击。而且，在回答对方时，无论是温文尔雅的举动，还是那半开玩笑的言辞，都显示出萧伯纳一种忍耐的修养和风度。

巧装糊涂不仅能使自己摆脱尴尬处境，还能使气氛变得更加和谐，更有利于沟通。装糊涂的幽默和平和的人生态度是生活中不可或缺的元素。一个人是否懂得忍耐，也是对一个人的观念、素质、能力的检验。巧装糊涂，既可以给人们带来轻松的笑意和愉悦的心情，帮人化解危机、应付窘境，又可以使人们以更轻松、更包容的心态看待人生。

木秀于林，风必摧之。当人们面对比自己优秀的人时，他们总会感到危险，也就是说，如果我们的能力太强，别人就会减少或失去表现的机会。在这种情况下，他难免会对你说几句刺耳的话语，对你保持戒心，倘若我们巧装糊涂，随口幽默几句，那肯定会化解对方心中的敌意。如果我们表现得过于强势和直接，对方有可能对我们产生敌意。在这种情况下，我们唯有装傻充愣，这主要是为了保护我们自己，避免让自己处于危险的人际关系之中。

随意的幽默
更容易交流

人们都喜欢听幽默的话,就像我们本能地喜欢听好听的音乐、欣赏美妙的诗篇一样。我们和言谈幽默的人在一起,往往就像置身于宁静的湖泊边或俊秀的深山中,让自己陶醉不已。幽默风趣的人是我们生活中不可或缺的一道亮丽的风景线。

幽默具有神奇的魅力,用随意自然的幽默语言和人交流:可以为懒惰者带来活力与干劲,也可以为勤奋者驱散疲惫;可以为孤僻者增添朋友,也可以使欢乐者更愉悦;可以使愁眉苦脸的人笑逐颜开,也可以使泪水盈眶的人破涕为笑。

很多人都认为幽默是很难得的,是需要下苦功夫费尽心力才会闪现的火花,其实不然。幽默往往是妙手偶得,一举手、一投足、一言一行都可以显示出幽默,而且,不经意间散发出来的幽默往往更自然,更易于被大家接受。有人说过:"真正的幽默既不是语言的幽默,也不是事件的幽默,也不是事背后道理的幽默,是一种生活态度。"所以,把幽默当作一种生活态度，带着这种态度去生活，不需要刻意为之，反而效果更好。

为什么只要卓别林、周星驰等喜剧人物一露脸，他们一张口、一举手、一投足，就能把人逗乐，他们一出现就立刻能把人们的心弦拨动，使千千万万的影迷为之捧腹、为之倾倒？他们幽默的奥妙就在于，他们的一言一行、一举一动充满了幽默，自然而发自内心，不做作、不刻意，启人心智、令人愉悦。

他们可能无意幽默，但是却幽默自现。

某公司某职员居住的单人宿舍漏雨厉害，每到下雨天都是屋外下大雨，屋内下小雨。这位职员多次找到单位的物管部门要求修缮，但总是被推三阻四，每每都没有结果。

一天，公司的领导下基层关心公司职员的生活问题，来到了该职员的宿舍，随口问到该房屋的使用情况。该职员老老实实回答说"漏雨"。领导又问到漏雨情况如何，大家都以为他会大诉其苦，却没想到这位深受漏雨之扰的职员微微一笑说道："还好，不是经常漏，只有下雨时才漏。"他的妙语博得领导等人一阵大笑。几天后，房屋修缮问题得到妥善解决。

仔细想来，这位职员说的都是实话，没有什么所谓的幽默的"技巧"在里面，但是却达到了幽默的效果。 这就是浑然天成的幽默，虽然话说得很随意，没有雕琢，但是就是有幽默的效果。

幽默并非某些人的专利，只要愿意，我们都可以在生活中很自然地表达自己的幽默，不用刻意琢磨。

但是，如果生活中的你整天一副严肃的表情，事事较真不豁达，一点儿小事情纠结半天，一点儿不愉快记一下午，那么你就没有办法做到有感而发，时时幽默。能够随性说出幽默话语的人，一定是一个乐观开朗的人、一个胸襟开阔的人，甚至是一个能苦中作乐的人。

山涧清泉之所以汩汩流淌，是因为有永远不竭的水源；幽默者之所以语言风趣，是因为他的内心永远处于一种豁达开朗的境界。

春运期间，一趟西行的火车上人满为患，哪儿都是人，一对年轻的夫妇抱着自己尚在襁褓中的孩子也挤上了火车。这时有好心人看到了这对夫妇，见他们抱着孩子、扛着行李，站着实在很辛苦，于是就找了几张报纸铺在座位中间的小桌子下面，让他们坐在地上歇脚。年轻的丈夫感激不尽，几个人聊着天，顿时气氛就活跃了起来。

这时列车员过来检票，没注意脚下有报纸，一脚就踩了上去，这时年轻的父亲说："哎，同志，你注意点，别踩着我们的'地毯'。"列车员一开始还不明就里，但他低头看到这对夫妇和孩子，顿时就笑了，连声道歉并且还间或请抱着孩子的母亲到乘务员休息室休息。

这位父亲就是一个乐观开朗的人，也是一个有宽广胸襟的人。一方面在这样的乘车环境下,他不抱怨、不发牢骚,而是积极地解决问题;另一方面,在别人弄脏他的"座位"的情况下,他没有大发雷霆,得理不饶人。这样的人,就能在生活中处处幽默,也为自己带来便利。

让自己能随意地说出幽默的话语,还需要我们增加自己的知识和见识,博闻强识、见多识广的人才有可能发现别人注意不到的意趣,从而引发幽默。

明朝年间,有一位姓石的学士,人称"石学士"。一次,石学士骑驴出门讲学,驴儿走着走着突然开始不听话,"哐当"一下,把石学士摔到了地上。石学士的书童急忙上前搀起他,石学士却并不着急,他整整衣冠,说道:"幸亏我是石学士,我要是土学士、木学士,估计这一下我早就摔坏了。"

石学士从他自己的姓入手,随口一句话,引得众人哈哈大笑,不经意间展现了自己的智慧和幽默。

心情沉重的人是无法展现笑容的;充满狐疑的人,话里话外除了尖酸之外再无他;整天牵肠挂肚七上八下的人,话里肯定深埋着忧郁。只有心怀坦荡、不计得失的大度之人,才能笑口常开,妙语连珠地和他人交流。

阳光并没有特意每日普照大地,但却造就了自然界的勃勃生机;幽默的人并未特意为之,虽然说出的话朴实无华,但表现出的心境却十分豁达,反而令人感受到幽默者朴实的天性和无穷的智慧。

林语堂在论及幽默时说道:"幽默是由一个人旷达的心性中自然而然地流露出来的,其语言中丝毫没有酸腐偏激的意味。而油腔滑调和矫揉造作虽能令人一笑,但那只是肤浅的滑稽笑话而已。只有那些巍巍荡荡、朴实自然、合乎人情、合乎人性、机智通达的语言,才会虽无意幽默,但却幽默自现。"

当我们拥有旷达明朗如万里无云之天空的心境时,当我们学富五车、知识满斗时,我们说的话也可以达到"无意幽默,却幽默自现"的境界。

05
以赞美接话，人人都会喜欢你

寻找对方
值得称道之处

在变化如此迅速的现今社会，每个人被认可的需求更加强烈。我们在人际交往中要做的，就是满足对方对于认同感的渴求，以此获得他人对我们的认可与信任。从某种意义而言，与人交谈就是一种探求对方心理需求的过程，通过这种过程，可以知晓对方的心理渴求，依此对症下药，制定谈话内容，从而达到传递正能量，同时获取对方信任的目的。

那么，我们通过什么样的语言才能给予对方正能量呢？答案当然是赞美。赞美就像是加油站，能源源不断地输出正能量。赞美是一种慰藉，是一种肯定，它能使人际关系和谐，增强彼此的亲近感。所以，我们在人际交往中要学会寻找别人值得称道之处，适时给予赞美，以此为我们赢得良好的人际关系。

法国雕塑艺术家罗丹说，世界上并不缺少美，而是缺少发现美的眼睛。如果用心去观察，任何一个人都有他的可赞之处。甚至，在此场景中的缺点，放到别的地方就可能是优点。所以,赞美别人并不难,只要善于观察、善于思考,总能发现对方的闪光之处。

只有先发现对方身上确实值得称道之处,才可以使自己的赞美显得真诚而恰到好处。否则,就很有可能适得其反,导致对方面对你的赞美不但不领情,反而觉得你虚伪不可靠。

被誉为"销售权威"的霍伊拉的交际诀窍是:初次交谈一定要扬人之长,避人之短。有一回,为了替报社拉广告,他去拜访梅伊百货公司的总经理。寒暄之后,霍伊拉突然问道:"您是在哪儿学会开飞机的?总经理能开飞机可真不简单啊!"听到霍伊拉这样说,总经理兴奋异常,谈兴勃发,广告之事顺理成章地安排给了霍伊拉。

霍伊拉找到了总经理身上的过人之处,那就是会开飞机,并依此对总经理进行赞美,使其因得到了肯定而内心愉悦,从而顺利为报社拉到了广告。由此可见,寻找、发现对方值得称道之处,并依据这些亮点对其进行恰到好处的赞美,可以使对方感到愉悦并对自己产生好感,从而促进人际交往能顺利进行。

每个人都希望得到别人的赞美,赞美是人们生活中不可或缺的营养剂,可以给人动力,滋润心田。赞美他人关键是寻找到对方值得称道之处,让我们的赞美贴切、自然。有些人很善于找到别人身上的优点,但因为没有掌握住分寸,喋喋不休地赞美,这样反而产生负面的效果。日本超级保险推销员原一平刚开始在交往中运用赞美时就犯了这方面的错误。

原一平到一位年轻的小公司老板那里去推销保险。进了办公室后,他便开始赞美这位年轻老板:"您如此年轻,就当上了老板,真了不起呀,在我们日本是不太多见的。能请教一下,您是多少岁开始工作的吗。"

"17岁。"

"17岁!天哪,太了不起了,很多人在这个年龄时,还在父母面前撒娇呢。那您什么时候开始当老板的呢?"

"两年前。"

"哇,才做了两年的老板就已经有如此气度,一般人还真没有。对了,你怎么这么早就出来工作了呢?"

"因为家里只有我和妹妹,家里穷,为了能让妹妹上学,我就出来干活了。"

"看来你妹妹肯定也很了不起呀,你们都很了不起呀。"

就这样一问一赞,最后赞到了那位年轻老板的七大姑八大姨,越赞越远了。这位老板本来已经打算买原一平所推销的保险,结果因为原一平滔滔不绝的赞美而不买了。

后来,原一平才知道,本来那位老板在听到几句赞美后,心里很舒服、很高兴,可是原一平后来说得太多了,没完没了的赞美搞得他由原来的高兴变得不胜其烦了。

由此我们可以看出,对他人进行赞美时,要找出对方身上值得称道之处并不难,关键是要依此进行适当的赞美,要适可而止，见好就收，不要将赞美之词演变成老太太的裹脚布，又臭又长。这样，就违背了我们赞美他人的本意。

赞美之词要发乎情而止乎礼，赞美得恰到好处，使对方感到愉悦即可，若是一味地只顾赞美，则会使赞美失去原本的色彩，变得暗淡无光，也使听者觉得索然无味。例如，平时我们到朋友家中做客，看到客厅的沙发很是别致，并且以前听朋友谈起过这套沙发，于是便说："呀，这套沙发真是颇有情趣呀，使整个客厅的氛围都活跃了起来，算得上是室内装修的点睛之笔呀。很少见这样造型和颜色的沙发，价格一定不菲吧？"这样的话虽是带有一定的客套成分，却也是我们有感而发，但又点到为止，既让对方脸上有光，又不显得过分，且将赞美之词确实用到了对方自认为值得称道之处，对方恐怕是想不开心都难。

总而言之，赞美之词就如春风雨露，能给人能量，让人愉悦。我们在人际交往中要善于发现他人值得称道之处，并依此适当地向对方表达出我们的赞美之情，以营造良好的社交氛围与人际关系。一句赞美，既不用花钱，也不会有所损失，却能使对方得到无限的快乐，让大家都喜欢你，何乐而不为呢？

借他人之口
赞美异性

赞美的言辞若是经自己的口说出，在一些情况下会容易让人觉得像是刻意奉承。特别是在与异性交谈时，若是将自己的赞美之情表达得太露骨，会让对方觉得有刻意讨好与夸张之嫌。这时，若是借助一个跳板，将自己的赞美之词经由他人之口说出，则既可以达到赞美对方的目的，又能有效地避免刻意恭维、奉承之嫌。

在一般人的观念中，总认为不在场的"第三者"所说的话是比较公正、实在的。因此，在赞美异性时以"第三者"的口吻说出赞美的话，更能得到对方的好感和信任。

例如，一位男士与一位美丽的女士初次相见，可以这样说："早就听谁谁说您的气质不凡，今日一见，果然名不虚传。"一位女士对一位男士表达赞美之情，可以这样说："经常听我先生提起您，说您年轻有为、成就非凡，今天可算是让我一睹了真容，果然所言不虚呀。"

这是借助对方认识的第三方表达我们的赞美，此外，还可以借助对方不认识的第三者对异性进行赞美,这样会使对方产生更高一层的精神享受。一般来说,人受到不认识的第三者的赞美比受到自己身边的人的夸奖更为高兴。因为当他听到自己不认识的人也赞美自己时,会觉得在自己所属的天地之外也得到了承认,从而感到异常欢欣,荣誉感进一步得到了满足。例如:"我们经理上次看见你了,对你大加赞赏啊,说你不像一般的庸脂俗粉,有一种超脱的气质。""我的一个朋友对你很是看好,说你有大才,将来肯定成就不凡。"

小吴是公司的公关部经理,一次,她负责跟一位大客户任总进行洽谈。小吴对这位任总的耿直性格早有耳闻,知道他不好沟通,于是少不了先做了些功课。

见面之后,任总果然气势逼人,好在小吴早有准备。见到任总后,小吴先说:"任总,您好,经常在报纸上看到关于您的报道,说您身上有一种'凛然正气',今日一见,果然威风凛凛,有大将之风啊!"任总听她如此说,微笑早已挂在脸上了,这时爽朗地"哈哈"一笑,说:"哪里哪里,你过誉了。"小吴一边请任总坐下,一边接着说:"您请坐。我也经常听我们王总提起您,说您和许多的商人不一样,不只是一名生意人,还是一位有作为的企业家。每次提起,言语之中总是充满敬意。"任总此时早已卸下了防备,满面和气,不像刚见面时那么严肃了,小吴也顺利地完成了洽谈任务。

小吴虽然身为公关部经理,但毕竟是位女士,对任总不便进行直接的热情赞美，否则不仅可能达不到赞美的效果，反而还有可能让对方觉得自己不够庄重，产生反感，给双方的沟通带来障碍。借助他人之口对任总进行赞美就是比较好的选择，既加强了赞美之词的感染力，又很好地规避了风险，可谓一举两得。

另外还有一种借他人之口赞美异性的方法，就是在与他交好的朋友面前赞美他，直接借其朋友之口将自己的赞美之情传递给对方。

例如，男士要赞美女性，则可以将赞美之言适度地说给她的闺蜜听："谁谁真是不一般啊，巾帼不让须眉，比男人都有本事，我对她很是敬佩！""她是我见过的最清新脱俗的女生了。"而女士赞美男士，则可以将话说给他的哥们儿听："你们那个谁谁挺不简单呀，不仅博学见识广，而且取得了那么大的成就，真是让人不得不佩服。""你那个朋友真是气宇轩昂、英姿勃发。""某某不像那些油腔滑调的男孩子，是个实在人。"这样，被赞之人的好朋友一定会将你的赞美传达给对方，进而从侧面获得对方的好感。

这种赞美适合那些你有心结交但又不好意思当面直接夸赞的人，这时候不妨多在第三者面前对他进行赞美，这是表达你的赞美之意有效而中肯的方式。如果有一天，身边的朋友对他讲："某某经常跟我提起你，说你是位令人尊敬的人。""某某经常在我面前夸你，说你不仅人长得漂亮，而且才华横溢，将来一定大有成就。"相信听者的愉悦与自豪感一定会油然而生，对你自然也就多了几分信任与好感。那么，你下次再和他进行交流时就容易多了。由此可见，我们若想与异性朋友巩固关系，加深感情，不妨多在第三个人面前赞美他，让我们的赞美通过第三方传达给对方，这样，既避免了当面赞美可能产生的尴尬，又使得赞美的效果大大提高，可谓一举两得。

借他人之口赞美异性时要注意赞美的程度不要超过普通朋友的界限，若是赞美得过了头，则容易造成误会，甚至使对方刻意疏远自己。当然，若是对自己所赞美的异性有更进一步的想法，则另当别论了。

总之，在对异性进行赞美时，间接、直接借助他人之口说出赞美之词会比从自己口中说出来更合适。因为若是自己直接对异性进行赞美，出于一种自我防护的意识，或者为了维持谦逊矜持的形象，对方可能对你的言辞不会全信，甚至全部不信。若是巧妙地借助第三方之口说出自己的赞美之词，则会使对方放松警惕，放下对你的防备，坦然接受你转述的"他人的赞美"或他人转述的你的赞美。

公开的赞美
最令人激动

俗话说，好事不出门，坏事传千里。虽然说话应谦逊低调，但对于让自己颇为骄傲之事，人们还是希望被别人知道甚至被别人称赞。所以，我们若能找准时机对别人进行公开的赞美，则会正中其下怀，收到意想不到的效果。

在公开的社交场合，由于参与交流的人较多，谈话所产生的传播效应也会较大。在这种场合下对他人的赞美也会更加有分量，也比私下里的赞美取得的效果更好。

朋友之间往往对彼此都有一定的了解，对彼此的优点也会相互肯定，这也是人们在大多数情况下只与朋友交心的原因。因为其他人的不了解，所以在公开场合对朋友进行赞美就成了必要。对生活中的朋友进行公开的赞美时，可以采用对比的方法，但最好用自己作垫脚石，这样既可以做到赞美朋友，又不会得罪被拿来对比之人。例如："我在这方面实在是不太擅长，他行，你们别看他平时话不多，那是深藏不露，在行着呢！""我是破罐子破摔惯了，没什么追求。咱们小李可跟我不一样,他是一个有梦想、有追求的人,将来一定能成事。"但是也应该注意,这些赞美必须是对方真的能胜过自己的地方,否则,不仅听的人会觉得你肤浅而虚伪,有奉承之嫌,就连被称赞的朋友也不会领情。

小刘喜欢上一个姑娘,可姑娘总觉得小刘不是认真的,只是闹着玩玩,所以对他一直是不冷不热的,小刘为此很郁闷。可是突然有一天,姑娘对小刘转变了态度,不再若即若离的了,小刘喜不自胜,但又有些纳闷:"我做了什么?是她突然想通了吗?"小刘一直也没弄明白是怎么回事。后来,姑娘的一位闺蜜告诉小刘,是小刘那天的话打动了她。小刘想了想,那天当着姑娘和一帮朋友的面,他说:"小清(姑娘名字)真是个好姑娘,踏实善良,待人真诚,不物质,大家说是不是?……"

小刘当着大家的面公开赞美自己喜欢的姑娘,让姑娘感觉到了小刘的真诚,因此转变了对小刘的看法。可见,公开的赞美更能取得打动人心的效果。

对于家人来说,往往更需要公开的赞美。受中国的传统风气所影响,家人之间在感情表达方面很拘谨,并且很少肯定的赞扬,多是否定的批判,特别是父母对于孩子。在一些公开的场合,有些大人总是会说:"你看那谁谁谁家的孩子,人家怎么怎么样。"这不仅会对孩子造成长久的负面影响,而且会对孩子积极的人生观的塑造带来困难。因此,对孩子进行公开的赞美,给予其正面的肯定就成了必要。对孩子进行公开的赞美会使赞美的分量加大,从而对孩子产生的积极影响也会加大。我们可以在公开场合说:"我们家孩子最近懂事了不少,经常主动帮我干家务。""我女儿在学习方面一向很自觉,这是我比较欣慰的一点。"或者说:"儿子,今天咱们的邻居都夸你呢,说你不仅懂礼貌,而且还乐于助人。"另外,对家庭中其他成员的公开赞美也是必需的,它还是一种调节家庭氛围、加深感情的好方法。

这里有王熙凤的一则事例,非常值得我们借鉴。

黛玉初进贾府,在贾母房间见过各位长辈与姐妹,王熙凤见到黛玉,便赞叹道:"天下真有这样标致的人物,我今儿才算见了!况且这通身的气派,竟不像老祖宗的外孙女儿,竟是个嫡亲的孙女,怨不得老祖宗天天口头心头一时不忘。只可怜我这妹妹这样命苦,怎么姑妈偏就去世了!"

王熙凤是贾府中炙手可热的人物,她的权势多半来源于贾母的宠信,所以王熙凤行事说话时时刻刻都依据贾母的爱憎好恶,揣测其心理。对黛玉的赞美既将贾母捧到了至高的位置,又衬出了对黛玉的夸赞,还不忘顾及贾母的孙女们,可谓是公开赞美他人的典范之作。

对于同事,当我们在公开场合对他们进行赞美时,除了要以我们自身为跳板烘托他们外,还要注意不要涉及敏感话题,更要兼顾四方,不要因为赞美一个人而无形中得罪另一个人。为了能在公司中顺利地工作,一定要将赞美之词说得客观而中正，为我们的人际关系加分。除此之外，在对上司进行赞美时，要以公众的语气说出赞美之语。有人想要通过赞美上司取得他的好感，于是就不失时机地表达自己的赞语，直接对上司说"我觉得您怎样怎样"，这样的称赞其实是一种既不高明而又带有危险性的说话方式。因为这样说等于是把上司放在了被你评判的位置，上司需要你来"评判"吗？答案显然是否定的，上司需要的是公众的肯定和赞美。所以，高明的赞美要以公众的语气说出。例如，"大家都说您的这项决策对提高公司的效益很有帮助""同事们都说您领导有方，使我们早早地就完成了这个项目，也为我们带来了福利"，等等。这样的赞美才能让上司受用，也更加乐于接受。

另外需要注意的是，在以公众的语气向上司表达赞美时，必须保证自己所说的观点符合实际情况，可以进行一定的语言修饰，但大体方向不能与实际有出入。否则，若是颠倒黑白地乱说，早晚会有露馅的时候，那时就会使自己陷入难堪境地，违背了当初赞美的本意。

总而言之，公开的赞美会使被赞美者产生更高的荣誉感，获得更高层次的满足。但也需要一定的说话技巧，掌握了这种技巧，会使自己在人际交往中更加如鱼得水、游刃有余。

赞美接话，处处受欢迎

赞美对方身上确实值得称道之处，才可以使自己的赞美显得真诚而恰到好处。

> 您是在哪儿学会开飞机的？总经理能开飞机可真不简单啊。

> 经常听我先生提起您，说您年轻有为、成就非凡，今天终于让我一睹真容，果然所言不虚呀！

在与异性交谈时，若将自己的赞美之词经由他人之口说出，则既可以达到赞美对方的目的，又能有效地避免刻意恭维、奉承之嫌。

对于让自己颇为骄傲之事，人们都希望被别人知道甚至称赞。我们若能找准时机对别人进行公开的赞美，会收到意想不到的效果。

> 我在这方面实在是不太擅长，他行，都说他比原唱都唱得好！

赞美
越具体越好

抽象派的绘画往往让人很难一下就说出它的好，它的美是需要领悟的。而写实派的绘画则让外行能一眼看出像与不像。这一规律放到接话方面也同样适用。抽象的赞美，如"你很好""你不错""你很优秀"等，这些话虽是对他人的全面赞美，但总让人感觉不太受用，甚至有敷衍之嫌。若是能将赞美具体化，赞美对方的某一方面，效果会马上大不一样。例如，"你对色彩的感觉很细腻，衣服搭配的颜色总是让人赏心悦目""你对待工作的态度真是认真""你的逻辑思维能力真的让人叹服"等，如此，对方立马就能听出你的赞美之意，从而将你的赞美化为信任与认可，最终达到愉快交际的目的。

所谓具体，就是指言之有物。与其泛说"久仰大名、如雷贯耳"，不如说"您上次主持的讨论会成绩之佳，真是出人意料"等话，直接提及对方的具体工作。若恭维别人生意兴隆，不如赞美他推销产品的努力，或赞美他的商业手腕；泛泛地请人指教是不行的,你应该择其所长,集中某点请他指教,如此他一定高兴得多。 再者,赞美的话一定要切合实际,比如到别人家里,与其说一些空洞的恭维话,不如赞美房子布置得别出心裁,或者赞美他的宠物乖巧可爱,或者赞美对方最近的工作成绩等,这比说上许多无谓虚泛的客套话效果更佳。

李鸿章在清朝位居中堂,位高权重,朝中官员都想讨好他,好让他多多提携自己。这一年,李鸿章的夫人要过五十大寿,这对于那些想讨好他的人来说自然是个大好时机,寿辰未到,这些人就开始行动了,生怕自己落在别人后面。

这个消息传到了合肥知县那里,知县觉得这是拉近和中堂大人距离的绝好时机,也决定备一份礼送去。但他一个小小知县,囊中羞涩,中堂大人什么没见过,若是礼送得轻了,等于没送,送贵重的又送不起。知县一时不知如何是好,直犯愁,于是便请师爷前来商量。

师爷看透了知县的心思,胸有成竹地说:"这好办,您交给我。保准一两银子也不花,而且送的礼品让李大人刮目相看。"

"是吗?送什么礼物?"知县一听,喜不自胜。

"一副寿联即可。"

"寿联?这,能行吗?"

师爷说:"您尽管放心,此事包在我身上。保管您从此飞黄腾达。这寿联由我来写,您亲自送去,请中堂大人过目。"

知县满口答应。

师爷写好后,知县就带着寿联上路了,日夜兼程赶到了北京。到了李鸿章夫人寿辰这一天,知县跪到中堂大人面前,将寿联双手奉上。

李鸿章顺手接过,打开上联:

"三月庚辰之前五十大寿。"

李鸿章心想:"这叫什么句子?也敢拿来献作寿礼?且看他下句是什么。"于是,李鸿章又打开了下联:

"两宫太后以下一品夫人。"

"两宫"指当时的慈安、慈禧,李鸿章见"两宫"字样,不敢怠慢,连忙跪了下来,命家人摆好香案,将此联挂在《麻姑献寿图》的两边。

这副寿联深得李鸿章的赏识,李鸿章自然对那合肥知县另眼相待,称赞有加。而这位知县也因此官运亨通了。

合肥知县的这副寿联没有泛泛夸赞中堂夫人是如何高贵,而是直接以两宫太后作比,既具体翔实,又不偏不倚。太后是何等的尊贵,以此来衬托中堂夫人的地位,既生动具体,又简单明了,可谓高明。

接话时,赞美越具体,就越能体现你的真诚与所说的话的真实性,从而增加可信度,当然也就更加能打动别人。

小李与小王是同事,他们同时喜欢上了公司的一名女同事,两人都使出浑身解数对其百般讨好,希望自己能赢得美女的芳心。俩人性格不同，采取的方式也不尽相同。

小李是个细致的人，每每见到这位女同事就针对其特点进行具体的赞美，如，"你今天的衣服颜色很衬你的气质""你耳钉的颜色搭配得很漂亮，我也喜欢蓝色""你的项链是蒂芙尼的吗"，等等，使女同事每天见到他，脸上都堆满了笑意。

而小王则是个大大咧咧的人，总是鲜花攻势，赞美的话也多是"你今天真漂亮""你气色不错"等空泛的言辞。

最后的结果当然是细致的小李赢得了美女的芳心，最终抱得美人归。

小李的赞美都是具体的，而小王则是泛泛地对整体进行赞美。把两人放在一起对比，小李的赞美就好比每次都找准一个点用力，小王则是把劲使在一个面上，自然是没有小李的赞美有力度和深入人心。由此可见，赞美是越具体越好。越具体，就显得你对对方越了解，你的赞美之言也更加可信。

总而言之，人人都喜欢来自他人的赞美，但不一定所有的赞美都会让听者喜欢。而事实证明，相对于虚泛的空头赞美，具体的赞美更能让被称赞者受用并因此对赞美者产生好感。因此，当我们赞美他人时，要尽量使赞美之言言之有物、具体翔实，能让对方有迹可循，这样才能使赞美完全发挥其功效，为我们营造良好的人际关系。

反语赞美的
方法与效果

　　反语是指运用与自己原本要表达的意思相反的言辞，表达出对他人肯定的评价。简言之，就是用反面言辞表达正面的论点。反语赞美往往比正面赞美取得的效果更好。例如，某制药厂的厂长赞美一位药剂师大胆实验、大公无私的献身精神时说道："为了减少药物的副作用，在正式投产前，你长期泡在实验室里，对新药不择手段、抢吃抢喝、多吃多占，在自己身上反复试验，我这个厂长真是拿你没办法。"像这种用反语赞美他人的方式，不仅令人感到幽默有趣，而且从反面加强了赞美的力度，使听者感到如沐春风。

　　那么，如何具体运用反语对他人进行赞美呢？下面我们将通过几个例子来进行说明。

　　一次，小林去参加同学聚会，宴会上，一位老同学举着酒杯朝小林走来，边走还边说："你这个家伙，在学校时就那么优秀，什么问题都难不倒你，现在都工作了，还是像以前一样，你就不能谦虚点，给别人留些活路啊？时不时地也偷偷懒，别那么勤奋、那么能干行吗？"

几句话，虽是带着嗔怪的语气，但明眼人都明白这是在赞美小林。小林听了心里也喜滋滋的，于是顺着这位同学的话说："好，我知道错了，我一定听从你的教训，把这个臭毛病给改了。"同学们都报以会心的微笑。

这是在同学和朋友间运用反语赞美对方的事例。从这则事例我们可以看出，朋友间的赞美大可随意一点，若是正儿八经地向对方表示赞美，反倒会显得很做作、假惺惺，似乎背后藏着什么不可告人的目的似的，令人不舒服。用反语赞美对方既不会让彼此感到别扭，还能达到很好的幽默效果，与常规的赞美方式相比更具特色，令人耳目一新。

老郭在一个公司担任总经理，手下有两三百人由他指挥。由于老郭在国外进修过管理学，又是从底层一步一步走到今天的位置的，所以很有一套自己的管理方法。他认为，赞美是对员工最大的激励，而且越是不常规的赞美越有效果。公司的业务员小吕，工作非常有热忱，常常为了工作而放弃休息，甚至有时候节假日也不忘为公司揽业务。老郭便故作严肃地对他说："小伙子，为公司招揽这么多业务是不是想把公司的资金都给了你做提成啊？你野心够大的呀！我警告你，工作是公司的，身体可是自己的，该休息就休息，别妄想着把你的健康也介绍进公司工作，我可不答应。"小吕听后，会心一笑，回答道："经理教训的是，我一定改正'错误'，请经理放心。"说罢，两人相视而笑。

老郭运用反语对小吕进行赞美,既不像常规的"嗯,干得不错""很好"等那么平淡而又有敷衍的成分,又能让对方感到亲切随和,在赞美对方的同时拉近了彼此的心理距离,同时还产生了幽默的效果,可谓一举三得,委实高明。由此也可看出,在对下属表达赞美时,运用反语这一说话方式往往能取得更加丰富、立体的效果。

需要注意的是,用反语的形式对他人表示赞美要在特定的环境和背景下才可使用,脱离了一定的环境,可能就不能发挥其特有的效果。例如,运用反语表示赞美的方式本身就具有一定的幽默色彩,不适合在庄严肃穆的场合中使用。

老宋是一个有点大男子主义的人,平时在家里都是说一不二的,但不幸因为车祸去世了。小梁是老宋的外甥,来参加舅舅的追悼会,他想安慰舅妈,顺便讨舅妈的欢心,就说道:"舅妈,您节哀啊,人死不能复生,当心自己的身子。"听到这里,小梁的舅妈还是挺受用的,心里多少得到点安慰。但是小梁接下来的话却把这点安慰全说没了,他说:"要说这也怪您太温柔了,如果您也像那孙二娘那样是个母夜叉,管住舅舅,他说不定就出不了这个事了。"小梁的舅妈心里本来就难受,一听他这样说,心想:"你说这不冷不热的夹生话是来看我的笑话的吗?"顿时感到厌恶,冷冷地对小梁说:"你工作忙,还是早些回去吧,别在这儿耗着了。"

小梁本来是想赞美舅妈温柔贤惠的,但是却因为在这种场合错用了反语赞美的说话方式，使自己的话偏离了本来的用意，使对方不但没能领会到他的安慰之意，反而感觉到他的不友善，给自己造成了不必要的人际损失。首先，在比较严肃的场合，说话内容和语气都应该符合气氛，反语赞美的幽默性根本就不适合用在这里。其次，在这种时候，小梁的舅妈本来就很伤心、敏感，小梁的话很容易让人理解为奚落与嘲笑。所以说，反语赞美是高收益、高风险的说话方式，要充分辨清形势才能出口，否则，若是像小梁这样不分场合地乱用，最终可能会造成与预期相反的结果。

总之，运用反语表示赞美的表达方式属于剑走偏锋，使用得当会取得特殊的效果，赢得满堂彩；若是使用不当，取得意料之外的反面效果也是有可能的。所以，接话若想运用反语出奇制胜，就要保持清醒的头脑，纵观全局，分辨出环境是否合适，这样才能达到预想的效果，使赞美的语言发挥它独特的魅力。

背后比当面赞美更有效

由于人际交往的需要，人们当面评价他人时免不了会说一些恭维话、客套话。而在背着人的时候，言论中的评价才是自己心里最真实的想法，这些想法可能会与人前之话不尽相同，甚至还可能产生为当面所说的话进行翻供的欲望，或抱怨，或指责，或愤怒，或"反动"等，这是人之常情，处于人际关系中的人几乎都对这一现象心知肚明。所以，有时人前的面子话别人只是一听而过，大多不会当真。对通过"小道消息"等其他途径传入自己耳中的言论倒是分外在意，认为这种言论的可信度更高，对自己来说也更有价值。

因此，若是能经常在背后赞美他人，则会大大增加赞美之词的可信度，使赞美之语更能打动人心，同时也更容易增加对方对你的好感与认可。

《红楼梦》中有这么一段描写：史湘云、薛宝钗都劝贾宝玉做官为宦，贾宝玉大为反感。一次，他对着史湘云和袭人赞美林黛玉说:"林姑娘从来没有说过这些混账话!要是她说这些混账话,我早和她生分了。"

凑巧这时黛玉正来到窗外,无意中听见了贾宝玉说自己的这些话,不觉又惊又喜、又悲又叹。这使宝黛二人的心理距离更加短了,他们因此互诉衷肠,感情大增。

对于林黛玉来说,贾宝玉在史湘云、薛宝钗和自己三人之间单单赞美自己一个,已是让她感动不已。而这些赞美的话又是他在明知林黛玉不能听见的情况下说的,越发显得难能可贵。若是当面对她讲这些话,虽然受用,但依林黛玉的性格,难免会因将自己与他人相比而有所猜疑,所产生的效果肯定会大打折扣。

由此可见,背后的赞美往往能取得意想不到的效果。当面说人家的好话,对方可能会认为你只是出于客套;而当我们的好话是在背后说时,则会给人一种真诚可信的感觉,并因此对我们心存感激。假如我们在其他同事和上司都在场的情况下赞美上司,既会让同事们觉得这种行为是在讨好上司,溜须拍马,又会让上司觉得你是在做"面子活",目的是让上司觉得你比其他同事更优秀,甚至还会给上司造成你不顾其他同事的感受、不团结同事的感觉。所以这种当面的歌功颂德往往效果甚微,甚至还会引发反面的效果。与其如此,还不如将溢美之辞在上司不在场时讲出来,既可避免当面赞美的负面效应,又能使我们的赞美更可信、更有分量。

在生活和工作中,背后说人坏话、诋毁别人的人是小人,而背后赞美他人则是光明磊落的表现,这样的人无论是在生活中还是在工作中,往往能得到他人的敬重。

王导是一名非常著名的导演,他为人很随和,做导演却极富个性;另一位著名的导演方导同样是一位极富个性的导演。因为两位导演出类拔萃,经历又有些相似,所以媒体常常把他们二位放在一起作对比。一次,王导在媒体的要求下谈及方导时,对其作出了这样的评价:"方导是一位非常出色的导演,我跟他的特点在于,我们都保持自己的个性。这种个性别人可以不喜欢、不欣赏,但他从不妥协,他保持他的个性。而在我们国家,这样的导演很少。不能因为方导的作品没有得奖,就说这说那的,我觉得这是一种短视。"

相信方导听到这段话后一定会感叹王导是他的知音,感受到对方的惺惺相惜。 试想,若是这段话是王导当着方导的面讲出的,所达到的效果恐怕就没有那么好了。 方导会认为王导对自己的赞美之言有一定的成分是为了彰显他自己的高风亮节与胸怀坦荡,也是为了大家的脸面。 而当王导在方导不在场而且有可能听不到这段说辞的情况下,给予方导的个性与作品充分的赞美,就大大提高了其赞美之情的纯度,同时也使自己的人格显得更加高尚、可敬。

世上背后道人闲话者不少,赞美他人者不多,人们心里对此大都一清二楚。 听到别人在背后说自己的闲话,会觉得不足为奇,但若是听到别人在背后赞美自己,那就完全值得激动了。

所以，在日常交流中，如果想赞扬一个人，不妨在他背后向他的朋友和同事赞扬其一番。直接赞美的力度有时会使对方感到意犹未尽或者不过瘾，甚至过些时间再回想起来还有可能演变为虚假的恭维，而背后赞美则可以很好地避开这些当面赞美的不足。所以，多在背后赞美你要赞美的人，能使你与对方的关系更加融洽。假如，有一个人跟你说："谁谁谁经常跟我说，你是一位热心肠的人，古道热肠，很有侠者风范。"相信这时你的心里会感到有一股暖流，顿时温暖许多。

我们何不多在背后赞美别人呢！这样既可以让他人感到愉悦、开心，又可以为我们的人际关系加分，赢得一个好人缘，何乐而不为呢？

06
面对棘手的请求，如何接好拒绝的话

说话留余地，
歧义拒他人

一位著名作家生病了，人们竞相去探望，但她不愿意听那些腻得如吞了大碗肥肉、重复了千百次的安慰话，于是将"谢绝探访"的牌子悬于门口。不仅如此，她还主动给一位要来看望她的朋友打电话："听说你要来看我?"

"是、是，今晚就去。"朋友说。

"可是……我动手术的那个部位实在不方便让你看到呀！"

朋友哑然失笑，决定不去探视了。

像这样用歧义拒绝他人的方法，不单单是名人、作家可以巧妙运用，普通人一样能够巧妙使用，而且一样能收到很好的效果。

一对青年男女在一起工作，男孩渐渐对女孩动了心。女孩虽然能够感受到男孩对她的爱恋，但她不想与男孩向男女朋友的方向发展,只想保持长久的友情。

一天,男孩准备向女孩表白。女孩从他的表情中已经看了出来,在男孩表白之前便做好了准备。

男孩:"我想知道,你是不是喜欢……"

女孩:"哦!我喜欢你给我借的那本书,忍不住看了两遍,还是意犹未尽。"

男孩:"难道你感觉不到我喜欢……"

女孩:"我知道你也喜欢那本书,以后咱们交换一下学习心得吧。"

男孩:"你有没有……"

女孩:"这么巧呀,难道你也是这样想的?"

男孩:"……"

这位女孩运用有歧义的话三次中断了男孩想说的话题,使男孩明白了她的想法,于是不再问。这比男孩直接表白而女孩当面予以拒绝的效果要好得多。

用歧义拒绝他人最关键的一步就是了解对方的心理,能够"未闻全言而尽知其意"。然后,从容应对,用对方话语中的歧义搪塞对方的要求,间接地拒绝了别人,还不会伤到彼此之间的感情。

拒绝时
要会欲抑先扬

一般来说，你还可以用下面一些话来表达你的拒绝之意。

"这真是一个好主意，只可惜由于……我们不能马上采用它，等时机对了再商量吧！""这个主意太好了，但是如果只从眼下的这些条件来看，却不太可行，我想我们以后肯定是能够用到它的。""我知道你是一个体谅朋友的人，你如果对我不信任，不认为我能完成这件事，那么你是不会找我的，但是我真的没有时间，下次如果有什么事情我一定会尽我的全力来支持你。"……

有时别人会在比较急的情况下求助于你，但是你确实又没有时间、没有办法帮助他的时候，一定要考虑到对方的实际情况和他当时的心情，避免让对方恼羞成怒，造成相互之间的不愉快。首先你可以表现出自己积极的态度，阐明自己需要忙过之后才能处理对方现在必须立即办好的事，此时他就会另找他人了。

某学校艺术团有一个小提琴手叫小玲，经常随团进行演出。一次，一位朋友对她说："我特别喜欢你的音乐，很想到剧院现场欣赏你演奏小提琴，只可惜售票处的票已经卖光了。"

小玲手头既没有票，又不愿因这件事费更多心思，所以不想答应朋友的请求。但是，小玲没有直接回绝朋友的请求，她只是先承后转，然后才拒绝了朋友的请求。她平静地对朋友说："遗憾得很，我手上也没有票了。不过，你可以坐我在大厅的座位，如果你高兴……"

朋友喜出望外："在哪里呀？"

小玲答道："不难找——就在小提琴后面。"

生活中，我们常有这样的经历：当别人还未向你提出要求时，你可能就知道对方的目的，可是却不好当面拒绝，这时，你就可以采取"欲抑先扬""以攻为守"来拒绝他的要求。

比如，朋友找你借钱，这个时候你可以在对方说出他的请求之前，先于他们说出请求："这么巧呀！正好碰到你，我最近手头有点紧，能不能……"

对方如果知道你这样的情况，自然就不会再向你开口借钱了，可能他还会懊悔自己到和尚庙借梳子——走错门了呢！

小李从一个朋友那里借了一台照相机，一路不停地把玩。途中遇到了小赵，小赵有个毛病，就是见了熟人有好玩的东西后，就想借去先玩玩。这次，他看见了小李手中的照相机，马上便有了兴致。不管小李怎样说，小赵依然不肯放弃。

小李灵机一动，故作姿态地说："好吧，我可以借给你，你却不可以再借给其他任何人，你做得到吗？"

小赵一听，正合自己的意思，于是连忙说："当然，当然。我一定做到的。"

"绝不失信！"小李追加一句。

"绝不失信，失信还怎么做人！"

此时，小李斩钉截铁地说："我也不能失信，因为别人也是这样要求我的，不能把这台照相机外借。"听到小李的这句话后，小赵目瞪口呆，便不好再强求下去。

运用巧妙的语言委婉地拒绝他人，不但能使对方容易接受，同时还给自己留个台阶。这样就冲淡了彼此间因拒绝而产生的尴尬和不快，不但能减少误会，还会使对方更加信任、欣赏你。

巧妙拒绝，不伤和气

运用巧妙的语言委婉地拒绝他人，不但能使对方容易接受，同时还给自己留个台阶。

> 这真是一个好主意，只可惜由于……我们不能马上采用它，等时机对了再商量吧！

> 老同学，你们一定要采用我发明的这项技术，因为……

> 周末别在家窝着了，咱们钓鱼去。

直接拒绝太生硬，可以用"妻子""领导"等第三方来当"挡箭牌"。

> 其实我是个钓鱼迷，可自从成了家，妻子就让我的星期天消失了！

无关紧要的不同意见，可以含蓄点说。

> 刚才这电影不错吧？打得真激烈！

> 相比这部影片，我更喜欢抒情点的片子。

拒绝异性时
应讲究分寸

在恋爱的季节,如果已经决定拒绝一段感情,那么绝对不能在与对方沟通时表现出模棱两可的态度,以免让人误解。拒绝对方时这样的话是不能说的:"请不要这么冲动,我最近心情不好,没有心思谈感情。"这样对方会产生"等你心情好了之后,也许会考虑"的想法。也不要说"不要这样,别人看到不好",这只会使人觉得你是在害羞而已。

如果无法接受对方的爱,就应该态度友善并诚恳地告诉对方,既不伤到对方,又可以让对方不再纠缠于你。《简·爱》中,当简·爱的表哥牧师约翰向她求爱时,哪怕牧师曾经救过她,而这时的简·爱也确实很孤单,但她非常清醒:友情不等于爱情。她说:"我答应作为你的传教伴侣和你同去,但却成为不了你的妻子,我不能嫁给你。"对约翰来说,或许他会痛苦一时,但简·爱的言语真诚而友好,他也只好退步。

大多数情况下,作为主动方的追求者,往往是克服了极大的心理障碍，鼓足勇气才说出自己的感情。如果遭到断然拒绝，很容易感觉自己受到了伤害，甚至痛不欲生，或是用一些不可取的手段，以抚平自己的感情创伤。因此，在拒绝时，态度一定要真诚，言语也要谨慎。

有的时候，拒绝对方不妨采用委婉的方式，既可达到目的，又能给双方台阶下，避免不愉快的后果发生。

秦芹与林华已经分开了，可是林华几天后又找到了秦芹的公司。秦芹婉拒道："我现在正忙于公司的事务，实在抽不出时间，真对不起，你请回吧！"

下班后，秦芹发现林华等在公司的门口，于是买了一个泡泡糖递给他，说了几句话之后就走开了。秦芹的这一举动，使林华猛然醒悟，知道秦芹是在借物喻人，借泡泡糖的易破裂来拒绝他的单恋，林华也只好罢手。

有的时候，男女双方经过一段时间的相处后，才会明白相互间不合适，从而提出分手。这时，不要把事做绝。因为不见面、不打电话、不再有任何联系，会让对方一下子跌落到失望的谷底，甚至会痛不欲生。男女朋友在分手的时候，双方一定要理性，要帮助对方理解、接受这个事实，重新面对生活。也不要把话说绝，电话还是可以打，但是要慢慢地淡下来，话题可以限于日常生活里的事情，而不再含有浓情蜜意。渐渐地，对方便能接受这个事实。

有一位女孩跟男朋友分手后，男朋友把过去几年来同她合照的照片细心地挑选出来，然后一天一封信、一张照片，试着去重新打动女孩。女孩很感动,打电话告诉男孩:"你这样做我很感动,不过我必须向你坦白,这样是没有用的……我真的很抱歉。"女孩带着泪水说完这些,她的态度使男孩心平气和地接受了事实。

其实,在拒绝他人时,果断拒绝的方式适用于外向、开朗的人,婉转而真诚的方式适用于担心受到伤害的内向性格的人。一走了之或者把话说绝是不可取的,应注意别人的感受,这样可以使对方少受伤害,自己也会更安心。

学会委婉地说"不"

若别人有求于你,而你出于各种原因却不能接受,但又不能直接拒绝,怕因此伤害对方的自尊心;若对方提出一些看法,你不同意,既不想讲违心之言,直接反驳又不合人情;若你看不惯对方的行为,既想透露内心的真情,又想尽力委婉,以免刺激对方。要想处理好上述社交中经常出现的情况,就要学会巧妙委婉地拒绝,见机行事。

1. 假托直言

直言是对人信任的标志。但是多数情况下,直言因逆耳而不能收到预期的效果。在这种情况下,要拒绝、制止或反对对方的某些要求、行为时,可以用一些不受自己控制的理由来回绝,这样对方就容易接受。例如:

某报社的推销员登门请求你订阅他们发行的报纸,可你不想订阅。你可以彬彬有礼地说:"谢谢。你们的服务很周到，但是，报纸我们真的已经有很多了，请谅解。"

2. 反复申诉

你到商店去买东西，由于购物的人多，售货员一时疏忽少找了钱，你向售货员提出后，售货员因记不清而引起了纠纷。这时你要以一种平静的声音诉说她是如何少找给你钱的，直到弄清事情的来龙去脉。下面这段店员和买主的对话就是一个很好的例子。

买主：小姐，你少找给我10元钱。

店员：不会吧，钱款可是当面点清了的。

买主：我相信你们总是这样做的，可是这次你真的少找钱了。

店员：你有购物小票吗？

买主：有（拿出购物小票），你看，就是差了10元钱。

店员：（看购物小票）两双儿童靴是吧。

买主：不错，你再算算，就是差10元钱。

店员：是不是在你的衣袋里面？你是不是掉在哪儿了？

买主：不会的，我没动地方。口袋真的已经掏干净了。

店员：现在没法结算，等后面打烊时我们结算，你来一趟好吗？

买主：好，到时你一定能发现的。

3. 模糊应对

如果由于某种原因不愿意或不便于把自己的真实想法告诉对方，便只能模糊地应对对方。例如：

在医院里，一位重症病人咨询医生说："我的病是不是很重，还有康复的希望吗？"

医生回答："你的病确实不轻，但是经过治疗，安心养病，慢慢会好的。"

这里的"慢慢会好"就是模糊语言。这"慢慢"是多久是说不清的，但这恰好给病人以希望，而希望便是给病人的最大安慰。

4. 热情应对

热情地表示希望能帮助到别人，并表示同情，可实际上是心有余而力不足，请对方谅解，而不直接拒绝，这也是一个比较好的办法。例如：

客户要求电信局安装市内住宅电话，但电信局由于供不应求，无法一一满足，却又不能完全回绝客户。回答时，应表示同情，并热情地说：

"满足客户的需求是我们应尽的责任，可是由于客户需求量太大，还不能全部解决，我们正创造条件，请您耐心等待。"

5. 旁逸斜出

对对方提出的问题给予回避性的回答,就避免了直接去否定对方。例如:

星期天你的妻子说:"我想让你陪我去看话剧,好吗?"而你不愿去,可以说:"去看电影怎么样?"这种方式易使对方接受,对方也可能会同意你的意见。

大胆地说"不"

记得钱钟书先生曾把时下流行的祝寿、纪念会和某些所谓学术讨论会一概拒之门外,并一连说出7个"不",以表心迹:"不必花些不明不白的钱,找些不三不四的人,说些不痛不痒的话。"钱老夫子以从不媚俗的口气,该拒则拒,绝不留情。

曾有位女士对林肯说:"总统先生,你必须给我一张授衔令,将上校授予我儿子。"

林肯看了她一下。女士继续说:"我提出这一要求并不是在求你开恩,而是权利让我能这么做。因为我祖父在来克星顿打过仗,我叔父是布拉斯堡战役中唯一没有逃跑的士兵,我父亲经历过新奥尔良的枪林弹雨,我丈夫牺牲在蒙特雷。"

林肯沉思以后说:"夫人,我想你一家为报效国家已经做得够多了,现在是把这样的机会让给别人的时候了。"

这位女士本想让林肯因其家人在战场上的功绩，为其儿子授衔。林肯清楚对方的来意，却故意装糊涂。恰到好处的拒绝，既有利于自己，也有利于别人。在管理中，作为领导者，你不可能什么事情、什么情况下都能满足对方的要求。有些人在时机对的情况下没能说"不"，于是到头来把双方都伤害了，人际关系一团糟。

有人说，如果想真正了解一个人，就请注意他拒绝别人时的样子，这是一个人的全部。"不"不仅体现一个人的性情，也表现出这个人做人的标准。在该说"不"的时候大胆地把"不"说出口，是一种境界。

说"不"的策略

有一个乐师受邀去一个夜总会工作,他嫌薪水低,打算立即拒绝这份工作。但念及往时受对方照顾,不便断然拒绝,便心生一计,先说些笑话,然后一本正经地说:

"要是能够帮助夜总会生意兴隆,即使奉献生命,在下也在所不辞。"

此时夜总会老板自然还是一副笑脸,乐师立刻严肃起来:

"你觉得什么地方好笑?我知道你笑我。你看扁我,不尊重我,咱们的协议就算了吧,再见!"这样,乐师假装生气,转身便走,老板不知该怎么办,虽生悔意,但为时已晚。

在生活中,面对不喜欢的对象,要趁其不备敲击他一下,以便打退对方。若缺乏机会,不妨参照上例,制造机会,先使对方兴高采烈,然后趁对方缺乏心理准备,便突然说出借口后离开,以此达到拒绝的目的。

有这样一件事:

20世纪60年代,某大学的教室里正在上课,一群激进的学生闯了进来,让教授不知所措。当着班上学生的面,教授想显示一点宽容和善解人意的风度,于是打算先让他们讲出观点后再来说服他们。结果与他的善良想法完全相反,激进的学生乘势向他提出许许多多的问题,彻底将课堂搞乱,再也上不成课了。并且这之后,只要他上课,就有激进的学生出现在课堂上,这种情形一直延续了一年。

从这一教训中,教授明白,若无意接受对方,最好别想去说服他们。 对方一开口就应该阻止他们:"你们这是妨碍教学,离开我的教室,与课堂无关的事,让我们课后再说!"假如再发生一次同样的事,教授能否应付呢? 就算他显示出了拒绝的态度,学生们也会与他争辩。 如果不去听学生的质问,一开始就掌握主动权,至少不会给对方以可乘之机,也不至于弄得一年时间都上不好课!

07

接好领导的话，在职场才能风生水起

善于拒绝
上司的难题

在工作中，我们总会遇到一些来自上司的要求，假如你确实力不能及而不得不拒绝时，一定不要立刻表示不可接受，而要先谢谢他对你的信任和看重，并表示很愿意为他效劳，再含蓄地说出自己爱莫能助的困难。如此，双方都可以接受，不至于把事情弄得很不开心。下面有这么一个例子：

"小杨，请你今天晚上把这个讲稿抄一遍。"经理指着一叠起码有三四十页的稿子对秘书小杨说。小杨听后，面露难色，说："这么多，怎么抄得完？""抄不完吗？那请你另觅轻松的去处吧！"可能经理正在气头上，于是，小杨被"炒了鱿鱼"。

小杨的被"炒"实在使人惋惜。但是，这是能够想象的，像她这样生硬、直接地拒绝上司的要求，给上司的感觉是她在反抗，不听从指示，扫了上司的威信，被"炒"也就在所难免了。 实际上，她可以处理得更灵活些。 比如，她可以马上搬过那一堆稿子，埋头就抄起来，等抄了一两个小时后，把抄好了的稿子交给经理，再含蓄地说出自己的困难。 那么经理一定会很满足于自己说话的威力，并意识到自己要求的不合理之处，进而加长时限，这样，小杨就不至于被解雇。

秋高气爽，你正想利用这段黄金时间给你陈旧的居室进行一次装修；工作之后，你正不分昼夜地撰写一篇论文……此时，你的领导却要你去远方出趟差，执行另一项工作任务，是拒绝呢，还是心不甘、情不愿地碍于情面勉强答应下来呢？

很明显，勉强答应下来的结果就是敷衍，即使任务完成了，也不一定能让上司和自己满意。 这时，你最好的选择是拒绝。 可是如何拒绝才能不让自己难堪，又不使上司对你失去信任呢？

1. 不可一味地加以拒绝

虽然你拒绝的理由冠冕堂皇，但是上司可能仍坚持非你不行。 此时，你便不能一味地拒绝。 否则，上司会以为你只是在推辞，因此怀疑你的工作干劲和能力，从而对你失去信任。 以后在工作时，也会有意无意地使你与机会失之交臂。

2. 拒绝的理由一定要充足

首先，设身处地表示自己对这项工作的重视，表示自己愿意接受的心情；接着，再表明自己的遗憾，具体说明自己不能接受的原因。 比如："我有个紧急工作，一定得在这两天赶出来。"这样，充分的理由、诚恳的态度一定可以得到上司的理解。

3. 提出合理的变通方法

对上司所交代的事，你不能答应，又无法拒绝，此时，你可得认真考虑，千万不可怒气冲天、拂袖而去。你应该与上司共商对策，或者说："既然如此，那么过几天，等我手上的工作告一段落就着手做，你看怎么样？"另外，你也可以向上司推荐一位能力相当的人，同时表明自己一定会去给他出点子，提意见。如此，你一定能进一步赢得上司的理解和信任，也会为你今后的工作铺开一条平坦的大道，因为上司也是和你一样有血有肉、有感情，也是曾经做过职员的人。

恰当回应上司的责骂

不管是什么人，也不管你是什么人的下属，都会有受到老板责骂的时候，此时，大家心里都会不舒服。但是，假如老板当面责骂你，你就怒气冲天、脸红脖子粗、冲动行事，事后你肯定会后悔。因此，当你想要发脾气时，最好在心中默想："等一等！"而这句"等一等"，就是让你忍耐的意思。

无论是什么人，自己的心情不能被别人的训斥所扰乱，而要保持弹性、保持冷静，挨骂时只要低头认错就好。下属被上司斥责是必然会发生的事，但是上司被下属反驳却是一件难堪的事。既然上司已经指责了，还是干干脆脆地认错吧！这才是下属应有的态度。

例如：

小王大学毕业不到一年，现在是某公司的一名职员。

某天，领导拿着一份文件让他传真到另一家公司的宣传部，小王照着做了。可谁知，第二天，领导怒气冲

冲地走进了办公室,当着众多同事的面大声地斥责小王:

"你是怎么做事的?让你发传真到他们公司的宣传部,你却给发到另一家公司去了!"

小王一下子就傻了,他回忆了一下,确认领导昨天交代的的确是自己发的那家公司,他想一定是领导记错了。可是,看着领导愤怒的脸,小王没有辩解什么,而是主动承担了责任:"对不起,实在对不起!都怪我办事太急躁,本想抓紧时间办好,没想到反而犯了个大错。我一定会吸取教训的,保证不会有第二次了!"

说完,他立马重新发了一份传真。几天后,小王被叫到了领导的办公室,领导诚恳地向他道了歉,说自己那天因为着急错怪了小王,并夸奖小王年纪轻轻就明白忍辱负重。从此,小王在领导心目中的地位得到了大大的提升。

领导也是人,也有犯错误的时候,特别是在工作中,很有可能会因为忙乱和着急而误会了你。这时,你一定要记住:千万不要当着众人的面反驳上司。因为,上司需要保持一定的威信和颜面,即便他错怪了你,你也不能当众让他下不了台。你应该暂且把责任承担下来,等上司明白过来,发现自己误会了你时,自然会为你起初的忍辱负重而感谢你。

这样接话上级才会
接受你的反对意见

有时会出现这样的情况：与上级谈话，明明上级不对，自己很想指出，却往往容易陷入"是坚持真理还是照顾上级面子"的艰难选择中。

其实，每个上司都需要下属提出正确的意见。因为任何一位上司都不是万能的神，他们不可能解决所有的问题，因此，上级需要下属经常向他提出好的意见和看法，以便他更好地工作。

"董事长，您刚才说的观点完全不对，我觉得事情应该这样处理……""董事长，您的办法我不赞同，我认为……"这样的沟通方式首先就否定了上级全部的意见，所以，上级一开始就对下属产生了排斥心理，自然，后面的观点他也就根本听不进了。

如果能抓住上级意见中的某一处大力加以肯定，再提出相反的意见就易被上级接纳。因为你一开始肯定上级某些有价值的意见，就打开了进入上级脑中意见库的大门。例如：

"董事长说得对，在××方面，我们的确应当重视，这是解决问题的前提之一。此外，我认为，我们还应当……"后面提出观点，再指出不这样做的后果，让上级意识到你的观点确实是可行的。

发言结束之时，一定要记住强调你提出不同意见的出发点。

"因此，我认为，如果真能这么做的话，解决这个问题是非常容易的，公司也能更好地发展。"

这样讲以后，上级会意识到你的最终目的是为了公司的利益，也就是大家的利益。

如何接好领导的话

若你对上司的指示有个人不同的看法或有更好的办法时,要婉转地提出自己的意见,最好能说出自己具体的建议和根据。

> 经理,您的想法我能理解,但我认为这样做可能会好一点。

> 小张,这次促销按B计划做。

> 经理,这里还有一份同样重要的文件需要打,您看我赶完这个文稿再打您的行吗?

> 小李,今天把这份文稿打印出来。

当领导指派给你无法完成的任务时,不能生硬地拒绝,应该用诚恳的态度说明无法完成的原因。

向领导汇报工作时,必须注意删繁就简,用最短的时间让领导明白问题的重点。

> 不错,简单明了。

怎样让上司同意你的观点

一般来说，下属不应与上司争辩。但为了公司的利益，也为了让上司和自己能更好地工作，有时在与领导的意见不同时，有必要把自己的观点表达出来。但是，如果接话时与你的上司进行争辩，想要让上司赞同你的想法，则有必要掌握以下的原则和沟通方法。

1. 心平气和

心理专家史密斯是专门教人如何去争取晋级资本的，他如此说："如果你气势汹汹，只会使你的上司也大发雷霆，所以，首先要做到心态平和。"

另外，不要一次发泄所有不满。3M文具公司董事长韦斯利说："若一个雇员看上去对公司的一切都消极不满，那上司就会认为要叫他满意是十分困难的，甚至认为他也许该另找乐园。"

2. 看准时机

在向上司提出不同意见之前，可以先向他的秘书打听一下他的心情怎样。如果他心情不佳，就不该再提要求。

例如：上司公务繁忙时，不要找他；午饭时间已到，他却依旧在忙碌之中时，不要找他；休假前夕或度假刚返回时，不要找他。

3. 设身处地

"要想成功地与上司交谈，理解他的工作目标和其中的苦衷是极为重要的。"赖无顿顾问说，"假如你能把自己看作上司的伙伴，设身处地替他想一想，那么，他也会自然而然地思考你的观点。"

商学教授罗伯特曾引用过某电影公司一位程序设计员和他上司争吵的故事。那时，为了一个软件的价值问题，双方争论得僵持不下。罗伯特说："我建议他们交换一下角色，以对方的立场再进行争辩。5分钟之后，他们就明白了自己可笑的行为，两个人都不禁大笑起来，接着，他们很快找出了解决的办法。"

4. 说清问题

有时候发生激烈的争吵是因为上司和下属都不了解对方心里在想些什么。演讲顾问威德说："有时，问题一旦讲清楚，争执也就自然没有了。因此，下属一定要把自己的观点讲得简单明了，以便上司能够理解。"

克莱尔在纽约市财政局局长手下办事多年，两人就很少争执。 但是，当她认为重要的事情遭到局长否定时，她就把自己的观点写在纸条上请上司思考。 她说："这种行为，有助于说明问题，并且也很有效。"

5. 提出建议

纽约大学医学中心的精神病学副教授诺曼说："你的上司要关注的事情已经很多了，所以，若你不能想出行之有效的解决办法，至少你也得提出处理问题的提议。"

08

这样接客户的话,没有谈不成的生意

贪小便宜型客户，
让一些利益给他

面对一些爱贪小便宜的客户，最好的方法是谈话的一开始就告诉他："我的产品能给你省钱，绝对能给你一些优惠！"

这种类型的客户总是希望天上能掉馅饼，做买卖一定会赚钱。爱占便宜的人不管在你面前装得有多大方，内心真实的想法还是希望你能将产品便宜卖给他们甚至免费送给他们。关于产品到底是什么样的，能给他们带来多大的好处，他们往往是放在其次的，根本没把你的介绍放在心上，他们在乎的仅仅是价格——越便宜越好，最好不花钱就可以拥有。当你给他们一些便宜的时候，他们对你的态度会来个180°大转弯。

有家大鞋店生意一直不是很好，老板一筹莫展，价格已经降得很低了，可还是冷冷清清。在和一个朋友聊天的时候，朋友给他出了一个点子：制造一场轰动效应，让顾客"限时抢鞋"。具体规则是这样的：事前先胡乱摆放一大堆新鞋,不分左右,不分尺码,在限定的时间内谁能把一双鞋配上对儿,这双鞋就归谁。

第二天,老板作了如是安排。只见,随着老板一声令下,一大群顾客争先恐后地冲进来,在鞋堆里疯狂地乱翻起来。看到这样的场景,老板的脸上泛起了得意的微笑。活动结束,老板当场把鞋子给顾客打好包,还说:"以后这样的活动还会常搞,希望大家来捧场。本店的鞋子质量上乘,物美价廉!"

虽然我们不能像这个老板这样做,但要领会这种掌握顾客心理的精神,给顾客一些小便宜,也许更能实现自己的"大便宜"。

面对爱贪小便宜的客户,销售人员不要有求必应,不能客户说什么就是什么。 当你发现客户有得寸进尺的倾向时,最好马上打断他这种不切实际的想法,就说:"公司有规定,我不能这样做。"或者说明你不能再降价或免费赠送的理由。

说话的时候要柔中带刚,尽量让客户理解你和公司的苦衷。 说完这番话,接下来再给他一点甜头,让他感觉自己仍然是在占便宜,这样购买就不成问题了。

脾气暴躁型客户，
用自己的真诚回应他

脾气暴躁的客户大多缺乏耐心，性格上大多有以下特点：一旦出现任何的不满，不管大小，立即会表现出来；没有什么耐性，总是喜欢靠侮辱和教训别人来抬高自己；自尊感极其强烈，浑身上下充满了浓浓的火药味。

在销售工作中，我们会发现有很多这样的客户。他们的脾气暴躁，经常因为一些小事就对销售人员发火。

阿东就遇到过这样一位脾气很火暴的老总客户，因阿东的一句话没说对，让他大为生气。打电话时，他很生气地对阿东说："我不在你们公司订票了！我不是在你们公司还有很多积分吗？把那些积分全部给我兑了，直接打到我的银行账户里，和你们公司没什么好说的了，全结了省事！"还让阿东不要再来烦他，连见面拜访的机会都不给。

后来阿东登门拜访，说了很多好话，才勉强留住了这位大客户。

面对这些凶巴巴的客户,很多销售人员摸不着头脑,大多采取敬而远之的态度,即使想做,也是狐狸吃刺猬——无从下口。

首先,我们来看看这些脾气暴躁的人内心是怎么想的。其实,这些脾气火暴的人大都不是什么有恶意的人。

脾气暴躁的人常常眼睛里容不得沙子,在是与非、对与错上观点异常鲜明。

脾气暴躁的人爱发火,但是发火之后常常后悔得要命,可以后照样还是会大发雷霆,后悔并不能阻止他下次发脾气。也就是说,脾气暴躁的人不能很好地控制自己的情绪,其控制能力较弱。脾气暴躁的人往往嫉恶如仇,通常不会要什么"花花肠子",所谓"直肠子"指的就是这类人,比如李逵、张飞等英雄好汉。因此,完全没有必要把这类客户看成什么洪水猛兽,反倒应该去信赖他们,这些人才是生意上真正可以信赖的好朋友。和这类客户交往的时候多注意一些细节问题,应该是很好合作的。

面对这类客户,最佳的做法是让他们逐步提高控制情绪的能力。要用自己的真诚和为人处世的小技巧积极引导他们,让他们觉得自己是一个受过良好教育的谦谦君子;委婉地提醒他们不要随随便便生气,这样有失君子风度;把"小不忍则乱大谋""平常心"灌输给客户,相信一定会感动他们。

在和这类客户接触的过程中,尽量不要刺激他,努力满足他合理的或者可以理解的要求。在一些不值一提的小事上能忍则忍,退一步海阔天空。只要在是非问题和重要策略上保持你自己的观点就可以了,至于其他不太重要的问题,只要客户说的是对的,无论大小,你都不能狡辩搪塞,因为这样是不可能蒙混过关的。

  总之,对于那些没什么耐性、脾气暴躁的客户,要以一颗平常心来对待,不能因为对方的盛气凌人而屈服,也绝对不能溜须拍马,这两种态度都会让他看不起你。正确的态度是真诚无欺、不卑不亢,进而用自己充满魅力的言语去感动他。

节约俭朴型客户，
让他感觉物美价廉的实惠

有时候，我们会发现一些非常节俭的消费者，他们不仅对高价位的产品不舍得购买，而且对满足自己心理价位的产品也是处处挑剔，多年以来的节俭习惯让他们拒绝的理由也是五花八门，让你意想不到。

最近，自称业务很精熟、能力很强的小李遇到了难题。他以前面对的都是爽快的客户，可现在在一家新公司任职，出现了一些新问题，不知道如何解决。他说了这样一件事："我真的不知道怎么对待一位特别节俭的客户，他不仅会算计，还很会讨价还价，每天跟我在电话里、公司、服务现场谈，让我感觉像是待在一个菜市场里，买菜似的讨价还价。这种感觉快要让我发疯了，我真想大吼几声！"

老板笑着说："小伙子，不要着急嘛，你可以跟他讲明白咱们产品的实际价值，告诉他，这些东西是最低价了，适当给他制造点危机感。不信的话，让他自己调查调查。"小李一脑门子汗，从老板办公室出来就打通了这个客户的电话。

有这样经历的销售人员一定不在少数，毕竟这个世界上真正的有钱人不多，节俭也是传统美德。

应对这种类型的客户其实很简单，就像小李的老板所说的那样，喂他们一颗定心丸，保你"百病无忧"。

如果你常和这类客户打交道，就会发现他们并不是那种一毛不拨的人，他们只是花钱花得谨慎，认为钱就要花在刀刃上。只要你能激发他们的兴趣点，让他们感觉到物有所值，卖给他们东西也不是很难。

在和这类客户商谈时最好着重强调一分钱一分货，指出商品的特征和价值所在，告诉客户产品价格中还包含了许多其他的构成要素。你把产品的成本、生命周期、投资回报率告诉他们，并强调高回报率才是重点。要帮客户搞清楚价格的差别不是钱，而是回报率。

只要你循循善诱，让客户明白了这个道理，他们就会很爽快地打开钱包。如果客户以价格太高拒绝购买你的产品，你还可以进行分次推销，把一次推销任务化整为零，以减少客户价钱方面的压力。

花钱要花得值，相信你也是这样认为的，何况是你要从客户的口袋里掏钱。销售人员不仅要控制自己的心理，还要学会掌控客户的心理。只要你让客户感觉他的钱是花在了刀刃上，你的目的也就快实现了。

怎样接好客户的话

这种配置的机器,已经是最低价了,毕竟性能强劲,一分价钱一分货嘛。

你们的价钱太贵了,我要好好考虑考虑。

在和节俭型客户商谈时,最好着重强调一分钱一分货,指出商品的特征和价值所在。

我觉得还不错,但是……

先签个协议吧,这样我们也好开始准备为您服务,让贵公司早日受益。

面对犹豫不决型客户,可以采用假定成交的方式,促使对方下决心。

一看您就是见多识广,社会上的一些小伎俩逃不过您的眼睛。不过……

这些让我们办年卡的套路,我明白,别想让我上套。

面对自视甚高型客户,可以采用赞美的方式,最好还带一点幽默感。

小心谨慎型客户，
沉着应对，步步为营

　　小心谨慎的客户签单率通常比较高，越是这样的人越容易成为你的合作者。这样的客户对一个销售人员来说，简直就是一块宝。因为怕上当的心理，他们往往会很认真地听你说话，用心听、用心想，有不明白的问题会马上提出来，生怕自己稍有疏忽就上当受骗。

　　这种客户极度谨慎和理智，相应的就会很挑剔。相对来说，他们更在乎细节，对事物的准确度和真实数据十分关心，很在意事情的真相，非常留心商家的可信度，谈话的时候会不断提醒自己要小心谨慎。

　　这些心理上的特征决定了他们的购物行为。在买东西的时候，他们往往慢条斯理、小心翼翼，生怕上当吃亏。因此，销售人员一定要给他们留下好印象，尽力把他们争取过来。打个比方，在这些客户面前你要有一种把自己放在显微镜下的窘迫感，客户小心谨慎，你要比客户更小心谨慎。

　　小心谨慎的人往往都很精明，精明的客户也可以分为两类:"尽责型"和"执着型"。针对这两种不同类型的客户,我们的销售方法也要因人而异。

1. "尽责型"客户

多数买家和财会人员属于这种类型。他们的老板在雇用他们的时候,很大一部分原因是他们的性格就是小心谨慎的,具体表现为怀疑、挑剔、善于分析问题,所以这些客户很难对付。在接触客户之前,你最好对其做一个详细的了解,尽可能地把握他们的心理,以达到让其动心的目的。最好是让他们有安全感,让他们知道你是在认真倾听、认真了解。

"尽责型"客户喜欢和那些冷静、细心的人打交道。从你一进门,他就会仔细观察你的所有细节,包括你的着装得体与否,公文包里的文件放置整齐与否。他们很在意这些小细节,也希望来和他们商谈的销售人员注重细节和效率。

所以,销售人员的推销风格应当是严谨的,说话要缓慢,吐字要清晰,认真回答客户提出的任何问题。对客户来说,越详细越好。你不说,客户会觉得你是不可信赖的。切记:"尽责型"客户最厌恶的是一见面就想促成交易的销售人员。和这类客户做生意与其说是一件事,还不如说是一个过程,需要你去慢慢引导,以促成最后的签单。

2. "执着型"客户

和"尽责型"客户相似,这类客户做事也喜欢认真仔细,但相对来说更执着一些。他们不愿意和道德水准低的人打交道,除了安全感,还要注意不能给他们压力。

从心理学的角度去理解客户的行为对你的帮助是不言而喻的。和这类客户打交道有个重要的原则是不要太着急,你越是着急,客户越反感。要学会"忍字诀",允许客户反复比较,更不能在他们面前议论其他产品或供应商。作为一个"正人君子",他们很不高兴在背后说人坏话。因此,销售人员要做到不许无法实现的诺言,不作模棱两可的保证,还要少说空话,给客户一个可靠的印象。

在实际的操作中,你可以顺着客户的思维节奏,尽量把你想表达的东西讲清楚,不时掺杂一些专业性话语,并借助辅助工具、图标证据、事实案例来加以说明,以增强客户的信心。

记住:你接触到的每一个谨慎的客户,都是"会下金蛋的鸡",是你以后销售生涯的坚实基础。想让鸡生蛋,那就得喂鸡吃好的粮食。对客户不能撒谎,不能强迫客户买不需要的东西,更不要掩盖事实的真相,否则,小心"鸡飞蛋打"。

犹豫不决型客户，
用危机感使其快下决心

刘先生现在是一家外贸服装厂的销售员，经常和客户打交道。他在销售工作中发现有些客户总是犹豫不决，看着一单生意马上就成了，但过几天竟然杳无音信了。他说："虽然我明明知道我的客户需要我们的产品，客户也知道我们的产品能给他极大的帮助，我的服务也不差，但是谈了很久仍然是一副犹豫不决的样子。我真发愁，怎么才能让这些犹豫不决的客户快速决定呢？"

让我们先从心理的角度分析一下这些犹豫不决的人的特点。

这些人大多情绪不是很稳定，忽冷忽热，对一些事物往往没有什么主见，但喜欢逆反思维，总是盯着事物坏的一面，而不去想好的一面。

如何应对这样的客户呢？针对他们的心理特点和性格因素，既然他们不能快速地做决定，那么你可以想办法催促他们。你可以告诉他"这个项目非常适合你,如果现在不做,将来肯定会后悔"等具有强烈暗示性的话,让他产生危机感,迫使其快速下决心。尽量和客户之中那些富有主见的人去沟通,让有主见的人去带动犹豫不决者的情绪。

面对犹豫不决者,商谈的时候,你很有可能会遇到不同程度的障碍,如果不能设法促成对方作出最后的决定,生意必然是"大事化小,小事化了"。解决这些问题,我们可以尝试使用下面这些方法:

1. 假定客户已同意签约

这个技巧主要还是攻心为上。当你发现客户露出购买信号却犹豫不决时,最好假设客户已经在按你的思维做决断。比如客户想做一个网站来宣传自己的产品和企业形象,但是他对互联网了解得不是很多,不太了解上网对公司有多大的好处,仍在犹豫,不知道这样做合不合适。这时,销售人员就可以对这个客户说:"×总,您看是先做 5 页,暂时先把您的网站建起来,然后再根据效果增加网页数,或者还是一次性把您的网站建全面好?既然要扩大贵公司的宣传力度,要做就做最好的嘛!反正钱也差不了多少!您怎么认为?"这样,客户考虑的就不是做不做,而是怎么做的问题,无形中已经同意做这个网站了。这种二选一的商讨方法模糊了客户的视线,从而顺利地达成协议。

2. 帮助客户挑选

还有一些客户就算确定了和你合作,有意要做成这笔生意，但不立刻签单，而是在一些细节问题上打转。 这时，你不要急于谈订单的事，要帮助客户挑选令他最满意的产品，并设身处地地为他着想。 等到客户挑选完毕，签单的时候也就到了。

3. 欲擒故纵

如果你的客户优柔寡断，虽然对你的产品和服务很有兴趣，你也解决了他的所有问题，但他就是拖拖拉拉，迟迟不肯做决定。 这时，你不妨故意作出一副收拾东西、马上就说再见的样子。 一般情况下，这样的行动会促使那些真正想买的客户作出决定。 但也要注意这种方法只能适用于竞争不是很激烈的情况，否则真的离客户而去，可能会适得其反，被别人钻了空子。

4. 拜师学艺

当你费尽口舌，"机关算尽"，七十二般"武艺"统统无用，眼看这笔交易要黄的时候，不妨试试这个方法。 可以这样说："×总，我知道这样的业务对贵公司很重要，也许是我的能力太差，没办法说服您。 不过在认输之前，我想请您指出我的错误，能否让我有个提高的机会？"以谦卑的口吻说出诚挚的话语，很容易满足对方的虚荣心，也许还能缓解你们之间对抗的状态。 他如果愿意"指点"你，在鼓励你的时候说不定就有签约的机会。

5. 建议成交

这些话富有一定的技巧性，也许能促使客户快速签约。

记下来,也许真的很有用!你可以说:

"既然一切都定下来了,那我们就签个协议吧!"

"您是不是在付款方式上有疑问?"

"如果您有什么疑问,可以向我咨询!"

"先签个协议吧,这样我们也好开始准备为您服务,让贵公司早日受益。"

"如果现在签协议,您觉得我们还有哪些工作要做?"

自命清高型客户，
赞美他，顺便带点儿幽默感

随着财富的增长和地位的提升，人也会越来越自信。销售人员面对这些客户又该如何应对呢？

这类客户在谈生意的时候，经常会出现这样的情况：你刚说了一个开头，还没有进入正题，他就忍不住了。他会说："这种事情，没什么特别的，每个商家不都是这样嘛！我早就知道了！"

即使你还想跟他详细说明情况，他也不愿再听下去了。很显然，客户这种轻率冒失的举止往往直接导致交易失败。举例来说：你和客户正在商谈交涉中，客户只听了一部分货物的价格和销售情况，就不愿意再"浪费时间"了，他会认为全部货物都是如此。结果到签合同的时候，他看到以后的货物价格远远高于开始讨论的价格，立刻就会反悔。你费了很多心血建立起来的贸易关系就这样泡汤了！

不仅如此，客户还会指责你，认为是你在故意含糊其词，你该负起全部责任。实际上，很多情况下是这些"清高"的客户自作聪明、虚荣心作祟，不完全了解情况就认为生意谈成了。一旦交易失败，他们不从自身找原因，还会以一些有利于自己的理由为自己的失误找回面子。

销售人员面对这种自以为是的客户，最好的策略是从他们的个性和心理下手，掌握他们的行为模式。在和这类客户商谈时，绝对不要拐弯抹角，能说的话尽量都告诉他们。要知道，这些客户的症结是——他们只凭直觉办事，过于相信自己。不要让他们在正式签约时找一些不是理由的理由来反悔，这样不但耽误你的时间和精力，也影响你的收入。

在和自命清高型的客户交涉时还要注意：如果你不知道客户对合同条款或者细节的理解程度，最好简明扼要地向他们解释清楚。虽然开始多花点时间，但是能很好地保证交易的进行。

在和这些客户接触的时候要学会恭维和赞美，最好还要有一点幽默感，而不能直接批评、挖苦他们。

如果想打开这些客户的心门，最好了解他们特别的喜好。清高的人必然有特殊之处，如爱好琴棋书画。投其所好，但不能阿谀奉承，赞美要真诚，尽量不多说一句废话。自命清高的人最怕、最欣赏的是和他一样清高的人，所以，你不妨也"清高"一些，不要啰里啰唆，要找准他的弱点，一举攻破！自命清高型客户，赞美是屡试不爽的秘密武器。

一位身材高挑的美女走进一家服装店，她试了很多件衣服，但总是不满意。看到这位美女站在镜子前感叹衣服不合身，深谙销售之道的老板凭经验判断，很可能是这位美女没有挺直身子。她走到这位美女的身边对她说："您的身材这么好,穿什么衣服都不会难看,再试试这件,也许更适合您。"一边说,一边递给美女一条裙子。

听了老板这番话,美女换上裙子,直起身来重新打量了一番试衣镜中的自己。她感觉自己亭亭玉立的身材配上这条看起来飘逸的裙子真是漂亮极了。老板说："真的是赏心悦目啊!我没想到您穿上这条裙子会这么漂亮。"美女看着镜子里窈窕的身段,满脸都是灿烂的笑容。

成功的商人谈生意有一个很重要的诀窍：谈论对方最引以为荣的事情。找出客户自认为骄傲的地方,当面告诉他们这很值得欣赏,客户一般都会"爱上你"。

就像上面那个喜欢别人夸赞的美女一样,她在老板的甜言蜜语中满心欢喜,不知不觉就掏钱买下了产品。如果能恰如其分地恭维客户,对他说奉承话,他绝对会喜欢你的。事实上,越清高的人,越喜欢听奉承话。熟练地、恰如其分地说奉承话是销售人员很重要的一门功课。

对这种自视清高型的客户,要多强调自己的产品最适合像他这样的"高层次消费者"使用,满足他的成就感,对其表示肯定,万万不能随便贬低他,更不可揭他的老底。你要顺着他的心理说话,给他多一点奉承,他对你就会多一份认同,让他感叹："我一直在寻求的知己终于找到了,原来就是你啊!"多给他灌输一些产品为他带来的优越感,你的产品才有可能被这些清高的客户接受。

如何赞美一个人，这也是一门学问。最重要的是"虚实结合"，赞美必须"确有其事"，理由充分。

"拍马屁"最忌讳的就是毫无根据地奉承一个人。没影的话不仅会让这些自视清高的客户感到莫名其妙，还会让他们觉得你不实在，是个油嘴滑舌没品位的人。一旦发现了你的"小诡计"，必然会触发他们的防范心理，从而导致销售陷入僵局。

所以，销售人员在赞美客户的时候要把握好分寸，不能流于谄媚，也不能贬低自己，而要尽量让客户看到你的诚意。

沉默型客户，
引导对方开口

作为销售人员，我们有时会碰到这样的客户，他们性格内向，不爱说话，在整个销售过程中往往表现得很消极，对销售人员很冷淡。他们的沉默有时甚至足以将销售人员完全击溃，以至于在遇到他们时，很多销售人员都感到很无奈。他们就是沉默型客户。

这种客户的嘴巴掰都掰不开，以至于我们只好厚着脸皮一个人唱"独角戏"，然而，无论我们说产品还是公司，他们都一言不发。他们就那么沉默着，听我们说，而我们却猜不出他们的心里到底是感兴趣还是排斥，甚至从他们的表情中也找不到一点线索。面对他们，即使我们有再多的销售绝招，也一个都用不上。

更让人无奈的是，如果我们为了打破僵局，频繁地主动向他们发问，他们会更加沉默。我们越主动，他们的"无声的抵抗"就越持久，直到我们的唠叨使他们感到不耐烦，他们便开口说："您别费口舌了，请回吧。"这样，我们期盼的交易还没开始就结束了。

那么，沉默型客户为什么金口不开呢？一般来说，客户保持沉默的心理原因主要有这些：怕一开口便给销售人员一种自己想买东西的误解，担心销售人员死缠烂打，给自己带来麻烦；怕自己吃亏，所以对自己不太懂的产品采取尽量少说的策略，让销售人员多说，以便摸清底细；本身就具有沉默的个性；讨厌销售人员；心情欠佳。

从这些原因中我们可以看出，沉默型客户虽然不爱说话，但并不表示他们真的不愿意与我们交谈。只要我们能把握住他们的心理，给他们创造出适当的说话机会，那么他们还是愿意向我们敞开心扉的。例如，我们可以提一些他们感兴趣的话题，引导他们开口说话，待他们开口说话时，除了要认真倾听外，还要注意赞美他们，给他们及时、积极的回应，这样他们才能感到与我们谈得来。

小 G 在刚做销售时就碰到过一位沉默型的客户。这位客户经营着一家有名的糕饼店，小 G 在拜访这位客户时，对方正忙于糕点的包装。他望了一眼小 G，一句话也没说。之后，小 G 在店内站了很久，仍无法与客户进行任何交谈，不得已他只好放弃推销的念头。

不久之后，小 G 再次来到这家糕饼店，这次他改变了策略。他走进糕饼店，向正在做糕饼的客户买了几块糕饼，然后拿出一块糕饼当场吃起来，接着开始引导客户：" 老板，你家的糕点真好吃，是你亲手做的吗？用的都是优质砂糖吧？"

听了小G这些话，客户便微笑着说："不错，我们店从不使用劣质的糖。外皮是不是很好吃？那是我亲自烤的，不像别家店用机器烤的那样淡然无味。做生意不完全是为了赚钱，如果为了赚钱而用料不足，不但会影响店里的声誉，也对不起自己的良心。哦！我想起来了，你上次好像来过，你是做什么的呢？"

"我是销售××的，今天就是想来买些饼，因为我的客户很喜欢吃你家的饼，所以我想买些送他！对了，您对××有兴趣吗？"

客户稍微想了一下，然后说："有点兴趣。这样吧，你晚上再来一趟，到时候咱们再谈好了。"

在这个例子中，小G知道做糕饼是该客户最熟悉不过的事，而糕饼能得到客户的认可也是对方最引以为傲的事。于是，他顺应客户的心理，先用糕饼引起话题，使沉默型的客户有话可说，另外，他积极回应客户家的糕饼好吃，这就使客户的成就感得到了满足。通过这些，小G成功地打破了与客户的僵局，之后再通过引导，使客户主动提出谈生意的事，这样小G离成功地把产品销售出去就不远了。

遇到一些一言不发的客户，我们无法知道他究竟在想什么，的确很难对付。此时，我们不妨多了解一下他的情况，从他关心的话题入手，引导他开口，并最终引导至销售上来。

唠叨型客户，
让他把话说完

所谓的唠叨型客户，就是指那些说话滔滔不绝的客户，往往是我们说一句，他们应十句，似乎我们的每一句话都打开了一个"泉眼"，这个"泉眼"不停地向外冒"口水"，怎么堵也堵不住。

唠叨型客户向我们滔滔不绝、一吐为快，虽然增加了我们销售的难度，但是只要我们弄清这一类客户的心理，之后再采取相应的销售策略与客户交流，相信还是可以找到销售的突破口的。

通常，客户滔滔不绝的心理原因主要有三种：第一种是有卖弄的欲望，喜欢在销售人员面前炫耀；第二种是寻求击败对方的满足感，喜欢在交谈中占上风，直到把对方"打"得大败而归；第三种是发泄情绪，说出心中的很多不如意，使自己的心情得到舒缓。

不难看出，唠叨型客户无论具有以上哪种心理，我们都不能去与对方针锋相对，否则客户必然会感到不快，最终拂袖而去。既然针锋相对不行,那就试着顺应客户的心理需求,适当地保持沉默,让客户把话说完,做客户的忠实"听众"。

事实上,在唠叨型客户面前保持一定的沉默是一种有效的销售策略。这样,一方面能满足客户的表现欲或使客户的情感得到宣泄;另一方面,也可以给我们自己更多的时间和空间来思考与客户谈话的内容,以便抓住客户的需求点。

小 H 是某日化公司的销售员。一次,销售经理将一个难缠的客户交给了他,并说这个客户很爱唠叨,很多销售员在与他交流时都插不上嘴,最后都铩羽而归。小 H 非常自信地接过任务,说自己保证能搞定这个客户。

小 H 并不是吹牛,他确实有自己的一套策略。他来到这位客户家里,发现对方是一位老人。一见面,对方就开始滔滔不绝地说起了自己的往事,甚至还有一些家长里短的事。小 H 并没有急于推销自己的产品,也没有打断对方,而是微笑着倾听着老人的讲述。一个小时过去了,对方还在滔滔不绝地讲着,而小 H 看起来并不着急,甚至对对方讲述的事情表示出浓厚的兴趣。

就这样,整整两个小时之后,老人终于停了下来,转而问小 H:"小伙子,你有什么要说的?"小 H 见时机已到,便说:"先生,我带来了一些新上市的优质日化品,其中可能有您用得着的。""那好吧!都有什么?我都买了。"对方说。

从这个例子中可以看出，有时候沉默往往是最好的销售策略，尤其面对一个唠叨型客户时，我们闭上嘴往往比与客户争夺话语权更明智。

当然，需要注意的是，我们的沉默并不只是不说话那么简单，也不是把客户的话当作耳旁风，而是一种尊重客户、真诚聆听的表现。这要求我们做到以下两点：

1. 真诚聆听，适时回应

沉默不代表我们不去听客户的话。我们不但要听，还要适时通过表情或简短的语句作回应。适当的回应能够激起客户继续谈话的兴趣，也会使客户感觉到我们在关注他们的话，从而使其有兴趣与我们继续沟通交流。这样不仅会增加销售机会，而且还能获得更多的客户需求信息。

2. 尊重客户，避免打断

在聆听客户谈话时我们要给予客户充分的尊重，不要随意打断客户，也不要加入其他话题或者纠正他。我们认真聆听的态度会给客户留下好印象，并使客户受尊重的自豪感油然而生，反过来他们会更加信任并尊重我们。

在销售过程中，销售人员不应只是滔滔不绝地介绍自己的公司或产品，而应注意聆听，聆听客户对产品的需求，让客户帮助我们改变我们的产品。尤其是在遇到讲话滔滔不绝的客户时，要学会闭嘴，保持倾听，然后适时回应对方的话。

世故型客户，
对他开门见山

曹雪芹有一副名联："世事洞明皆学问，人情练达即文章。"身处于这个讲究人情的社会，一些商人都变成了"老油条"。这些"老油条"客户会给销售人员带来很大的压力，一个不小心就会猜错他们的心思，让他们看不起，生意自然就黄了。

在与这类客户商谈的时候，往往会让我们感觉找不到方向，抓不住头绪，不明白他们究竟想说什么。在我们云山雾罩、满眼金星时，很容易被这些狡猾的"老狐狸"忽悠进去。这些客户做事很圆滑，面对我们的极力推销，他们往往不正面回答我们的问题。即使我们磨破了嘴皮子，他们还是一副爱答不理、无动于衷的样子，让人恨得牙根都痒痒。

很多销售人员对此束手无策，觉得这些人比一座坚固的城堡还要难以攻破，认为他们太狡猾了，根本没有突破的可能。于是，当筋疲力尽时，很多人觉得还是和他们说再见比较好。其实,这就是这类客户对付我们的策略。

这种世故老练的客户大多经历了很多风雨,是大风大浪里闯过来的,为人难免圆滑一些。他们一般不轻易说话,即使说话,很多情况下也是口是心非,或是模棱两可的回答,或是很不靠谱的说法。这样的客户往往是真正的高手。面对这些使人摸不透的难缠的客户,我们如何才能了解他们内心的真正想法呢?

很多销售人员都有这样的感觉:这些世故老练的客户看着我们的时候特别真诚,其实话语里却满是戏谑。他们喜欢与我们逗着玩,因此我们基本上不用考虑他们话语里有什么决定性的东西。

在与他们交谈时,与其跟他们兜圈子,不如开门见山、单刀直入,不给他们含糊其词的机会。如果我们与他们一样,说话一直拐弯抹角,绝对是在浪费我们自己的时间,不但不能达成交易,甚至到最后我们连对方有什么样的需求都搞不清楚。

在开门见山的基础上,我们还要多讲讲自己产品的功能,相比其他同类产品的优势,或者是本行业将来的发展趋势,这些实用性的信息往往能更真切地打动他们的心。要知道,这些人看重的是实实在在的利益,对自己没用的东西绝对不会去买,对自己不利的项目也绝对不会去尝试。

此外,既然我们不能从话语里发现他们的"弱点",不妨仔细观察他们的肢体语言,有时候心理上的东西往往能够通过肢体表达出来。当然,一个城府极深的人能很好地控制自己的身体状态,因此也要小心对方利用自己的肢体语言给我们造成假象,故意引我们上钩。

最后要注意的一点是,他们城府很深,所以在与他们谈话时,我们最好不要不懂装懂,真诚接话似乎更能赢得他们的好感。

惜时型客户，
为他节省交流时间

当今经济不断发展，人们对消费有了更多的选择，也正因为如此，一些看似来去匆匆的惜时型客户变得多了起来。很多销售人员看到这样的客户总会有种"抓狂"的感觉。不过，仔细分析一下也不难发现，在很多时候，我们的销售之所以功亏一篑，原因就是没有充分重视客户的时间。俗话说"时间就是金钱"，对于有钱人来说这句话更为合适，因为对他们来说，合理安排时间才能创造巨大的财富。而这些有钱人又恰恰是最具购买力的人，是销售人员主要的销售对象。

面对这些惜时型客户，我们首先要明确一点，那就是客户的时间比我们的时间更加珍贵。他们忙起来的时候甚至连听我们讲解几分钟的时间都没有，即便能与我们说几句话，也是来去匆匆。

由此可见，为了达成交易，我们必须对客户的时间重视起来，并尽力去了解他们的时间安排。很多客户整天忙着开会、见访客、谈业务……根本没时间做其他的事。但是，他们必须要依赖我们提供的资讯，必须抽出时间来处理重要的销售拜访。这就要求我们在与他们谈话时尽量为他们节省时间，赢得他们对自己的好感。

一位销售总监这样说："我最欣赏的是那些重视时间的人。我手下的销售人员都要像律师或医生那样，不但专业，还要懂得时间的珍贵。你要知道，医生耽误几分钟就会出人命啊。我的销售员决不能随意耽误客户的时间，几秒钟都不行！"

的确，作为销售人员，我们要尽可能地体谅这些来去匆匆型的客户，能在10分钟内完成的谈话尽量不要拖延到15分钟。

不重视客户的时间对我们很不利。如果你经常犯这样的错误，不妨佩戴一块手表，在与客户交流时不时地看看，然后说："我很抱歉，相信您对我们的产品已经有所了解了，我非常乐意为您介绍我们的商品，但是我还要赶赴下一个客户那里。今天拜访您的唯一目的是和您见见面。至于一些细节问题，如果您有兴趣，我可以再找时间完整地给您介绍，现在就不耽误您宝贵的时间了！"

这段话的目的是什么？直截了当地告诉我们的客户时间紧迫，表明重视客户的时间，也重视自己的时间。这不但证明了我们自己的工作效率，也说明了自己的业务约会很繁忙。最后，热心地与客户约定会面时间，也能树立我们的专业形象。当我们再次走进客户的办公室时，相信他再也不会以时间紧为理由来拒绝我们了，因为，我们已经向他证明——我们也是懂得"时间就是金钱"的人。

当然，第二次商谈的时间也要视销售的商品而定。如果是办公用品，可能只需要几分钟的时间，毕竟影印纸、订书钉这些文具涉及的金额比较小；如果是房地产生意，可能几个小时都谈不下来。行业不同，商谈的时间也不尽相同。

更有意思的是，与这些来去匆匆的客户多接触几次，我们就会发现，这些整天嚷嚷着时间紧张的客户原来很"可爱"。通常，时间紧张的人活得更充实，人生更丰富。

惜时型客户十分重视时间的利用率，深知"时间就是金钱"。与他们交流时，我们最好直奔主题，抓住重点，抓住他们的注意力，为他们大大地节省时间。只要我们能与他们建立起良好的互动关系，销售业务也会慢慢地水到渠成。